ANGEBOTE SCHREIBEN, DIE VERKAUFEN

44 PSYCHOLOGISCHE STRATEGIEN FÜR DIE ERFOLGREICHE ANGEBOTSERSTELLUNG

ROMAN KMENTA

VoV media

Impressum

Umschlaggestaltung: Monika Stern / sternloscreative
Layout: VoV media
Illustration: VoV media
Lektorat/Korrektorat: VoV media
Bildrecht: Freepik hole-from-ball 73

ISBN Softcover: 978-3-903-84506-0
ISBN Hardcover: 978-3-903-84569-5
ISBN E-Book: 978-3-903-84570-1

Druck und Distribution im Auftrag des Verlags:
VoV media, Forstnergasse 1, 2540 Bad Vöslau, Österreich

INHALTSVERZEICHNIS

VORWORT

In vielen Branchen wird mit Angebotsschreiben gearbeitet. In Ihrer vermutlich auch, denn sonst würden Sie dieses Buch wahrscheinlich nicht lesen. Professionelle Angebote bzw. Offerten schreiben ist dennoch eine in weiten Bereichen der Wirtschaft stark unterschätze Angelegenheit. Verkäufer achten zwar auf den Inhalt des Angebotes, vor allem auch auf den Preis, sind sich aber der Bedeutung des Angebotes selbst – seiner Form, dem Layout, den Formulierungen etc. – meist nicht bewusst.

Ihre Angebote sind stumme Verkäufer (wobei sie gar nicht immer stumm sein müssen ... dazu aber gegen Ende des Buches noch ein paar sehr spannende Ideen). Sie kommunizieren mit dem Kunden. Dabei haben Ihre Angebote – wenn sie gut gemacht sind – mehr und längeren Kundenkontakt als Sie als Verkäufer.

In vielen Fällen ist das schriftliche Angebot der einzige Kontakt. Es gibt viele Branchen, in denen es üblich ist, erst einmal ein schriftliches Angebot zu verlangen und – wenn dieses interessant ist – erst dann ein persönliches Gespräch mit dem Verkäufer zuzulassen. Bei Ausschreibungen etwa – einer geschäftlichen Sonderform – ist das oft so. Umso wichtiger ist es in diesen Fällen, dass Ihr Angebot einen exzellenten Verkaufsjob erledigt.

Ich habe in meiner Berufslaufbahn wahrscheinlich ein paar Tausend Angebote selbst geschrieben. Kleine, bei denen es um ein paar Hundert Euro ging und sehr große im Bereich von einigen Hunderttausend Euro. Ein paar waren – während meiner Zeit in der IT-Branche – auch im Millionenbereich dabei.

Zu Beginn meiner Laufbahn war mir die Bedeutung des schriftlichen Angebotes auch nicht wirklich bewusst. Ich hatte keine Idee davon, wie vielfältig und tiefgehend das Thema „Angebote schreiben" ist.

Heute arbeite ich mit kleinen und sehr großen Unternehmen und unterstütze sie dabei, ihre Performance im Verkauf zu verbessern. Der Inhalt dieses Buches – das professionelle Arbeiten mit Angeboten – ist ein wichtiger Hebel für die Verkaufsergebnisse vieler Unternehmen.

Dabei ist es gar nicht so schwierig, deutlich mehr aus Ihren Angeboten herauszuholen. Es ist weder sonderlich zeitaufwendig, noch bringt es wesentlich höhere Kosten mit sich. Um Ihre Angebote zu besseren Verkäufern zu machen, braucht es nur die richtigen Strategien (die Sie in diesem Buch finden), vielleicht einen Schuss Kreativität und die konsequente Umsetzung und Anwendung der Tipps, die Sie hier lesen.

Diese Strategien sind perfekt auf schriftliche Angebote in Brief- oder E-Mailform abgestimmt. Sie werden aber feststellen, dass sich das meiste auch für Angebotspräsentationen, die Sie vielleicht sogar vor mehreren anwesenden Kunden durchführen, einsetzen lässt.

Vieles ist auch im Rahmen von Onlineangeboten, auf Verkaufsseiten oder in Onlineshops umsetzbar.

Wie auch immer Sie anbieten, Sie werden in diesem Buch sehr viel Nützliches und einfach Umsetzbares finden, das Ihnen dabei hilft Ihre Angebote zu besseren Verkäufern zu machen und die Abschlussquote so zu erhöhen. Ich wünsche Ihnen viel Erfolg dabei.

BEVOR WIR BEGINNEN

Bevor wir in das Thema dieses Buches einsteigen, noch ein Hinweis. Es gibt eine eigens für dieses Buch erstellte Ressourcenseite unter www.romankmenta.com/bap-angebote/.

Dort finden Sie:

- eine umfassende Checkliste zur Erstellung Ihrer Angebote zum kostenlosen Download,
- Links zu vertiefenden Blogbeiträgen und Podcasts,
- ergänzende Bücher und andere Produkte,
- Tools und Dienstleister, die Sie bei der Angebotserstellung unterstützen,
- hilfreiche Beispiele für Ihre Angebote.

Schauen Sie am besten jetzt gleich vorbei, holen Sie sich Ihre Checkliste und verschaffen Sie sich einen Überblick.

ZIELE FÜR SCHRIFTLICHE ANGEBOTE

Wenn Sie sich nun eingehender damit beschäftigen, Ihre Angebote zu optimieren und zu besseren Verkäufern zu machen ... was wollen Sie denn damit erreichen? Mehr Umsatz, klar. Eine höhere Abschlussquote, natürlich. Doch das sind generelle Verkaufsziele, die nicht nur mit dem Angebot selbst zu tun haben, sondern von vielen anderen Faktoren abhängen:

- den Inhalten der Angebote – den Produkten und Preisen,
- den Verkäufern und ihren Fähigkeiten,
- Ihrem Marketing und Ihrer Werbung,
- dem Image Ihres Unternehmens

und sehr vielem mehr.

Daher würde ich empfehlen, für Ihre Angebote Ziele ins Auge zu fassen, die näher mit dem Angebot direkt verbunden sind und von diesem unmittelbarer beeinflusst werden. Die Ziele, die mit den Strategien in diesem Buch perfekt verfolgt werden, sind:

- Ihre Kunden sollen sich von Ihrem Angebot persönlich angesprochen fühlen.

- Ihr Angebot soll Kunden neugierig machen, sodass sie es überhaupt öffnen – als E-Mail oder auch als Briefpost.
- Ihre Kunden sollen Ihr Angebot so lange wie möglich behalten (und nicht etwa rasch entsorgen).
- Ihr Angebot soll sich von den Angeboten des Mitbewerbs positiv abheben und auffallen.
- Ihr Angebot soll das, was Sie anbieten, aufwerten.
- Ihr Angebot soll so verständlich sein, dass es auch von denen verstanden wird, die es ggfs. von Ihrem Ansprechpartner weitergeleitet bekommen.
- Ihr Angebot soll dem Kunden kommunizieren, dass Sie ein sehr professioneller Anbieter sind.
- Ihr Angebot soll positiv auffallen und sich von denen der anderen Anbieter deutlich abheben.
- Ihre Kunden sollen Ihr Angebot zur Gänze lesen und das – idealerweise – mehrmals.

Und ja, auch, wenn es nicht das ganz unmittelbare Ziel des Angebotes ist, sollen und werden die Strategien und Tipps in diesem Buch sehr viel dazu beitragen, dass

- Ihre Abschlussquoten steigen,
- Ihre Angebote öfter angenommen werden,
- Ihr Umsatz wächst und
- Sie höhere Preise durchsetzen und mehr Ertrag erzielen.

Sind das Ziele, die interessant für Sie und Ihr Geschäft sind? Dann lassen Sie uns gleich mit der Umsetzung beginnen, indem wir uns mit dem Wert Ihres Angebotes beschäftigen und damit, wie Sie diesen erhöhen können.

WERT AUFBAUEN, ABER WIE?

Wie viel ist etwas wert? Das ist eine Frage, die sich nicht allgemein gültig beantworten lässt. Der Wert entsteht im Kopf des Kunden und das ist eine sehr individuelle, subjektive Angelegenheit.

Manche Menschen verschulden sich hoch für den neuesten Großbildfernseher, andere haben nicht einmal ein Fernsehgerät zu Hause. Manche Unternehmen residieren in luxuriösen Büros an noblen Adressen, andere arbeiten vom Container aus. Dabei geht es nicht unbedingt um das Sich-leisten-können. Oft sind die Unternehmen, die in Containern arbeiten, sogar die profitableren.

Vielmehr geht es darum, wofür bzw. unter welchen Umständen jemand bereit ist, (mehr) Geld auszugeben. Und genau das wird durch den Wert bestimmt, der einem bestimmten Produkt bzw. einer Leistung beigemessen wird.

Ihre Kunden vergleichen den Preis, den Sie verlangen immer – bewusst oder oft auch unbewusst – mit dem Wert, den Sie bieten. Oft werden auch der Preis und der Wert Ihres Angebotes mit denen der Angebote von Mitbewerbern verglichen. Und die einfache Regel lautet: Wenn der Wert höher ist als der Preis, dann kauft der Kunde. Wenn nicht, dann nicht. Genau das können Sie auf zwei Arten erreichen: Indem Sie entweder den Preis senken und so den Wert höher erscheinen lassen oder indem Sie den Wert steigern.

Der erste Weg – den Preis zu senken – ist einer, den meist nur sehr große und kostenmäßig sehr schlanke Unternehmen profitable beschreiten können. Für die meisten meiner Kunden ist das definitiv nicht die Strategie der Wahl. Den meisten meiner Leser würde ich sie vermutlich auch nicht empfehlen.

Der zweite Weg – den Wert zu steigern – hingegen ist etwas, was die allermeisten Unternehmen – von Konzernen bis zu Selbstständigen, die alleine arbeiten – machen können. Dafür braucht es mehr Ideen und oft auch mehr Zeit. Preise senken geht einfacher und schneller. Allerdings ist es wesentlich nachhaltiger und profitabler daran zu arbeiten, den Wert in den Augen Ihrer Kunden zu erhöhen.

Und dieser Wert ist unter anderem durch Sie als Verkäufer und durch Ihre Angebote steigerbar. Im Grunde geht bei allen hier angeführten Strategien genau darum: Wie können Sie den Wert Ihres Angebotes steigern?

WIE SIE DIESES BUCH VERWENDEN

Die folgenden Strategien, die uns für den Rest des Buches beschäftigen werden, sind meist einzeln einsetzbar. Das bedeutet, Sie können sich jene herausgreifen, die Ihnen besonders gut gefallen und von denen Sie meinen, dass sie für Ihre Art von Geschäft bzw. Kunden perfekt einsetzbar sind. Idealerweise kombinieren Sie die Strategien so, dass Sie deren Wirkung maximieren.

Ich habe die Strategien zu einigen Themenbereichen zusammengefasst, um es Ihnen leichter zu machen, diese zuzuordnen und damit zu arbeiten. Wie immer bei solchen Themenbereichen werden diese nicht überschneidungsfrei sein. Eine Strategie aus Themenbereich A könnte auch gut in Bereich B oder C passen. Das ist allerdings nicht wirklich wichtig. Ausschlaggebend ist vielmehr, dass Sie Strategien für Ihre Angebote anwenden können.

Bereiche und Ansatzpunkte zur Wertsteigerung

Die Themenbereiche, die viel Potenzial bieten, um den Wert Ihres Angebotes in den Augen der Kunden zu erhöhen und die wir im weiteren Verlauf des Buches beleuchten, sind:

- der Kundennutzen,
- die Angebotspräsentation,
- der Aufbau des Angebotes,

- die Darstellung des Angebotes,
- die verwendeten Worte und Texte,
- das Pricing und die Preispsychologie,
- die Verpackung Ihres Angebotes,
- Auffallen und Sonderformen von Angeboten.

Ich habe mich auch bemüht, die einzelnen Punkte kurz zu halten. Natürlich gäbe es zu manchen sehr viel mehr zu sagen. Mir schien es allerdings wichtiger, dass meine Leser die Strategien rasch erfassen und einfach umsetzen können. Wenn Sie darüber hinaus an tiefergehenden Informationen interessiert sind, dann finden Sie auf der Ressourcenseite (www.romankmenta.com/bap-angebote/) zu diesem Buch Blogbeiträge, Podcasts und Bücher, auf die ich im Text an passenden Stellen verweise. Ich ersuche Sie, mir diese „Eigenwerbung", die durchaus auch zu Ihrem Vorteil ist, nachzusehen.

DER KUNDENNUTZEN ALS BASIS

Die Basis für alle Überlegungen in Richtung Wertsteigerung ist der Kundennutzen bzw. sind die dem Kundennutzen zugrundeliegenden Kaufmotive. Kaufmotive fußen in menschlichen Bedürfnissen. Wenn wir die grundlegenden Bedürfnisse (Essen, Luft etc.) einmal außer Acht lassen, dann gibt es eine Reihe von Bedürfnissen bzw. Kaufmotiven, die die Kaufentscheidungen Ihrer Kunden steuern.

Mögliche Kaufmotive (aber nicht alle) sind etwa:

- Prestige und Anerkennung
- Verbindung mit anderen / Liebe
- Wachstum und Fortschritt
- Kosten sparen
- Gewinn erzielen
- Sicherheit und Kontrolle
- Freiheit
- Macht
- Abwechslung
- Einfachheit und Problemfreiheit
- Gesundheit

- Genuss
- Anderen helfen und einen Beitrag zum Ganzen leisten.

Mehr zum Thema Kundenbedürfnisse und Kaufmotive finden Sie im Beitrag „14 Kundenbedürfnisse, mit denen Ihr Geschäft abhebt“ im Ressourcenbereich – www.romankmenta.com/bap-angebote/ – zu diesem Buch.

Um den individuellen Wert Ihres Angebotes im Kopf des Kunden zu erhöhen, gilt es nun, die passenden Kaufmotive bzw. das entscheidende Kaufmotiv des Kunden anzusprechen. Nur dann wirkt das, was Sie tun, auch werterhöhend.

Einfach gesagt: Wenn ein Kunde zum Beispiel ein sehr hohes Sicherheitsbedürfnis hat, dann fällt die Betonung der Tatsache, dass ein Fahrzeugtyp noch nie in einen tödlichen Unfall verwickelt war, auf fruchtbaren Boden. Ist dem Kunden allerdings besonders wichtig, möglichst günstig zu fahren und Kosten zu sparen, ist dieses Argument weniger schlagkräftig.

Das bedeutet, dass Sie die individuellen Bedürfnisse Ihrer Kunden möglichst genau kennen sollten, um dann Ihr Angebot (und auch jede andere Form der Kundenkommunikation) bestmöglich darauf abzustimmen.

Das führt uns zu den ersten Strategien, die sich genau mit diesem Thema beschäftigen.

Angebotsstrategie #1 – Kundenbedürfnisse herausfinden

Ohne die Bedürfnisse Ihrer Kunden (als Zielgruppe) oder auch Ihres Kunden (als Einzelperson) zu kennen, können Sie diese natürlich nicht ansprechen. Daher gilt es, diese im ersten Schritt zu erfahren.

Welche Bedürfnisse Ihr Kunde hat, erfahren Sie vor allem, indem Sie eine saubere Bedarfsanalyse im Kundengespräch durchführen. Diese ist das Fundament für erfolgreiches Verkaufen. Unter anderem eignet sich die folgende Frage. Ein paar Beispiele dazu in verschiedenen Varianten:

- *„Was ist Ihnen besonders wichtig, wenn Sie an Ihren Urlaub denken ...“*
- *„Wenn es um die Ausbildung Ihrer Führungskräfte geht, worauf legen Sie besonders wert?“*
- *„Was sind die für Sie entscheidenden Faktoren, wenn es um die Zusammenarbeit mit einem externen Dienstleister geht?“*

So oder so ähnlich können Sie die Frage nach den Bedürfnissen und Kaufmotiven des Kunden formulieren. Je nachdem, wie zufriedenstellend die Antworten sind, empfiehlt es sich in vielen Fällen, auch noch (mehrmals) nachzufragen:

- *„Und was noch?“*

Oder auch noch tiefer zu bohren mit Fragen wie:

- *„Und darf ich fragen, wieso das für Sie so besonders wichtig ist?“*

- *„Nur, damit ich es richtig verstehe, weshalb legen Sie auf diesen Punkt so besonders viel Wert?"*

Fragen – ganz generell – sind das wahrscheinlich wichtigste Instrument im Verkauf überhaupt. Wenn Sie in die spannende Welt der psychologischen Fragetechniken noch tiefer eintauchen und damit Ihren Erfolg noch deutlicher steigern wollen, dann empfehle ich Ihnen das Buch „Gut gefragt ist halb verkauft" (www.romankmenta.com/shop)

Und wenn Sie den Kunden mit den richtigen Fragen zum Sprechen bringen, machen Sie sich von den wichtigsten Punkten Notizen. Achten Sie dabei vor allem auf:

- **Die Reihenfolge der Antworten**
  Die ersten sind meist die wichtigsten.

- **Die Emotionalität der Antworten**
  Antworten, die emotionaler vorgebracht werden, haben für Ihren Kunden auch mehr Bedeutung.

- **Besondere, vielleicht sogar eigenartige Formulierungen**
  Gerade solche Formulierungen, die Sie selbst nicht verwenden würden und die Ihnen daher wahrscheinlich besonders auffallen, sind interessant.

- **Sich wiederholende Lieblingsworte und -ausdrücke des Kunden**
  Viele Menschen haben Ausdrücke, die sie häufig verwenden – achten Sie darauf.

Machen Sie sich im Gespräch Notizen dazu und verwenden Sie genau diese Antworten – gerne auch wortwörtlich – in Ihrem Angebot. Der Kunde wird sich verstanden und abgeholt fühlen. Dadurch wird Ihr Angebot zu einem besonderen, einem individuellen, und unterscheidet sich von der Massenware der übrigen Anbieter.

Das bedeutet aber auch, dass Sie – von wenigen Ausnahmen abgesehen – keine Angebote versenden sollten, ohne vorab mit dem Kunden gesprochen zu haben. In vielen Unternehmen wird genau das nicht gemacht. Manchmal mag das aufgrund der Fülle der zu erstellenden Angebote schwer umsetzbar sein. Fakt bleibt: Wenn Sie unbesprochene Angebote versenden, reduzieren Sie die Erfolgschance bereits im Voraus stark. In vielen Fällen können Sie sich die Arbeit dafür auch sparen.

Angebotsstrategie #2 –
Die Brille des Kunden aufsetzen

Halten Sie sich immer vor Augen: Es geht bei der Angebotserstellung weder um Ihre Produkte und Leistungen und schon gar nicht um Sie (so hart das klingen mag), sondern ausschließlich um Ihren Kunden, dessen Bedürfnisse und seinen Nutzen. Die Gefahr ist groß, dass der Verkäufer das in ein Angebot schreibt, was ihm selbst besonders gut gefällt bzw. was für ihn ein Kaufmotiv wäre.

Der Köder muss dem Fisch schmecken
und nicht dem Angler.

Fragen Sie sich daher ständig:

- Was hat mein Kunde davon?
- Ist das wirklich sein Wunsch oder meiner?
- Biete ich das an, weil ich das gut finde, oder ist es wirklich das, was der Kunde will bzw. braucht?

Achten Sie sorgsam darauf, wenn Sie Ihr Angebot verfassen, und lesen Sie es, wenn es fertig ist, in Bezug auf diese Fragen nochmals genau durch. Die Erfahrung zeigt (auch meine eigene), dass sich die eigene Sicht auf die Welt sehr gerne und oft unbemerkt in den Vordergrund drängt.

Angebotsstrategie #3 –
Kundennutzen statt nur Produktmerkmal

Speziell bei technischen Produkten und überall dort, wo Produkte viele Merkmale bzw. Features haben, tendieren

Verkäufer dazu, Angebote mit ebendiesen Merkmalen vollzustopfen. MB, MHz, PS, Anzahl der Airbags, Geschwindigkeit, Mauerdicke, Dämmwerte, Normen jeglicher Art – je nachdem, was Sie verkaufen, gibt es unzählige Produktmerkmale.

Produktmerkmale können bzw. müssen natürlich in einem Angebot stehen bzw. in einem Anhang beigefügt sein. Doch ein Produktmerkmal ist kein Kaufmotiv. Übersetzen Sie daher die wichtigsten Produktmerkmale in Kundennutzen.

- Nach der thermischen Sanierung wird sich die Energieeffizienz Ihres Hauses von der Klasse F in die Klasse B verbessern. **Das hat für Sie den Vorteil**, dass Sie pro Quadratmeter Wohnfläche ca. 7 Euro pro Jahr an Energiekosten sparen. Auf Ihr gesamtes Haus berechnet, **sparen** Sie so ca. 1.500 Euro pro Jahr. (Kundennutzen „Kosten sparen“)
- Die Website, die wir Ihnen anbieten, basiert auf WordPress, der am weitesten verbreiteten Software für Webseiten mit den meisten verfügbaren Zusatzprogrammen und Plugins. Das hat für Sie den Vorteil, dass Sie für alle Ihre zukünftigen Bedürfnisse ganz einfach und meist auch sehr kostengünstig die richtige Erweiterung bekommen können und so auf alle möglichen Anforderungen flexibel reagieren können.
  (Kundennutzen „Kosten sparen“, „Einfachheit“ und „Flexibilität“)

So oder so ähnlich könnten Sie Vorteile in Ihren Angeboten formulieren. Diese Art der Formulierung basiert auf der in der vorherigen Strategie gestellten Frage: „Was hat der Kunde davon?“.

DIE ANGEBOTSPRÄSENTATION

Bei der Angebotspräsentation geht es um die Frage: Wie erhält der Kunde Ihr Angebot? Die Frage klingt fast ein wenig banal, zumal heutzutage Angebote meist per E-Mail geschickt werden. Doch dahinter verbergen sich sehr viel mehr Möglichkeiten, als man denken würde.

Eigentlich ist es ja ein Thema, das erst weiter hinten im Prozess wichtig wird. Ich habe es dennoch vorgezogen, weil die Art, wie Sie Ihr Angebot dem Kunden präsentieren, einen Einfluss auf die anderen Themenbereiche hat, die wir in diesem Buch behandeln.

Abgestuft nach ihrer Wirksamkeit haben Sie im Wesentlichen fünf Möglichkeiten, Ihre Angebote den Kunden zu präsentieren:

1. Persönliche Angebotspräsentation
2. Per Skype
3. Per Telefon in Kombination mit E-Mail
4. Per Post
5. Per E-Mail

Angebotsstrategie #4 – Präsentieren Sie Ihre Angebote persönlich

Wann immer es zeitlich möglich ist, und die Größe des potenziellen Auftrages dafürspricht, sollten Sie Ihre Angebote persönlich präsentieren, statt sie nur zu schicken.

Das hat verschiedene Vorteile:

- Das Angebotsschreiben ist nicht mehr „stumm“. Sie können Ihr Angebot dem Kunden persönlich erklären.
- Sie können es schön ausgedruckt und in eine passende Mappe verpackt präsentieren (wobei das natürlich zu Ihrem Business passen muss) und es so aufwerten.
- Sie merken, wie Ihr Kunde auf Ihr Angebotsschreiben reagiert. Fällt er beim Preis vom Stuhl oder atmet er erleichtert auf?
- Sie können etwaige Fragen gleich beantworten bzw. Einwände auflösen.
- Sie können ggfs. das Geschäft direkt abschließen. Das geht nicht, wenn Sie Ihr Angebot schreiben und es per Post oder E-Mail verschicken.
- Die Wahrscheinlichkeit, den Auftrag zu erhalten, steigt auch deshalb, weil Sie mit Ihrem persönlichen Besuch und indem Sie Ihr Angebotsschreiben präsentieren, zeigen, wie wichtig Ihnen der Kunde ist.

Idealerweise schicken Sie Ihrem Kunden das Angebot auch nicht vorab zu, wenn das machbar ist. Wenn er es sieht, bevor Sie es ihm persönlich präsentieren, verlieren Sie einige der erwähnten Vorteile.

Je größer das Geschäft bzw. je höher der Preis und je wichtiger der Kunde ist, desto wichtiger ist eine persönliche Präsentation Ihres Angebotes. Aber gerade auch dann, wenn Sie den Kunden noch nicht (gut) kennen, sollten Sie den persönlichen Kontakt bei der Angebotspräsentation suchen. Es ist eine sehr gute Möglichkeit, den Kontakt zu vertiefen. Gerade bei solchen Kunden steigen Ihre Erfolgschancen dadurch deutlich an.

Weitere Alternativen der Angebotspräsentation

Doch auch ich muss zugeben, dass die persönliche Angebotspräsentation nicht immer möglich und – ökonomisch betrachtet – auch nicht immer sinnvoll ist. Daher haben Sie, wie oben erwähnt, noch weitere Varianten zur Verfügung, wie Sie Ihr Angebot präsentieren bzw. dem Kunden zukommen lassen können.

Die Angebotspräsentation per Skype

Aufgrund der Tatsache, dass eine Videokonferenz über Skype oder ein ähnliches Tool einem persönlichen Treffen am nächsten kommt, ist das die zweitbeste Variante. Sie können dabei immer noch die Reaktion des Kunden sehen und hören. Auch die seitenweise oder abschnittsweise Präsentation des Angebotes ist so sehr gut möglich.

Gerade dann, wenn Kunden weiter entfernt sind, ist das eine spannende Variante. Durch die im Rahmen der Covid-Krise stark vorangetriebene Digitalisierung ist es heute absolut möglich, mit einem Kunden eine Angebotspräsentation im Rahmen eines Onlinemeetings zu vereinbaren.

Angebotspräsentation per Telefon

Sollte die Variante eines Onlinemeetings auch nicht möglich oder gewünscht sein, können Sie Ihr Angebot telefonisch präsentieren und so die Reaktionen Ihres Kunden zum Teil mitbekommen. Das Angebot selbst können Sie parallel zumailen und ihn so durchführen. Alles in allem ist diese Variante nicht so elegant wie per Onlinemeeting, aber möglich und durchaus sinnvoll.

Angebotsversand per Post

Die inzwischen wenig genutzte Variante, das Angebot per Post zu verschicken, hat gerade in dieser zunehmend digitalen Welt einige Vorteile:

- Sie können das Angebot so wertvoll gestalten, wie Sie das möchten (schönes Papier, Mappe etc. – später mehr dazu).
- Sie können mit dem Angebot selbst auch noch andere, physische Dinge verschicken – ein Produktmuster, ein kleines Geschenk/Give-away, einen Katalog etc.
- Wenn Ihr Angebot dann neben den Angeboten der Mitbewerber liegt, die per E-Mail geschickt und einfach nur auf Kopierpapier ausgedruckt wurden, fallen Sie mit großer Wahrscheinlichkeit positiv auf.

Oft höre ich, dass man den Postweg deshalb nicht wählt, weil die Kunden Angebote schnell brauchen. Gleichzeitig gibt es nur sehr wenige Branchen bzw. Geschäftsfälle, in denen ein oder zwei Tage Postweg zeitlich wirklich relevant sind.

„Die Letzten können die Ersten sein.“

Hinzu kommt, dass es nicht immer ein Vorteil ist, dass der Kunde Ihr Angebot besonders rasch, vielleicht sogar als erstes, vorliegen hat. Es kann taktisch betrachtet sogar Ihr Ziel sein, dass der Kunde Ihr Angebot als letztes (das heißt: nicht zu spät) erhält. Dann hat er nämlich bereits alle anderen Angebote vorliegen und ist ggfs. schon entscheidungsfähig. Wenn Sie der Erste sind, werden Sie, wenn Sie einen Abschlussversuch unternehmen, oft hören, dass Ihr Kunde noch auf andere Angebote warten muss, bevor er sich entscheiden kann.

Angebotsversand per E-Mail

Die letzte, wahrscheinlich häufigste, aber unattraktivste Variante der Angebotspräsentation ist es, Ihre Angebote per E-Mail zu verschicken. Diese würde ich dann empfehlen, wenn die vorigen Varianten aus diversen Gründen nicht einsetzbar sind.

Manche Kunden wollen die Angebote auch digital haben, um sie intern leichter weiterleiten zu können bzw. sie digital abzulegen. Wenn das der Fall ist, dann können Sie es immer noch in digitaler Form nachreichen – zusätzlich zu der von Ihnen gewählten anderen Variante.

Ich denke, der Grund, warum wahrscheinlich die Mehrzahl aller Angebote per E-Mail verschickt werden, ist der, dass kaum jemand über die anderen Möglichkeiten und deren Vor- und Nachteile nachgedacht hat. In vielen Fällen spricht gar nichts dagegen, zumindest teilweise auf andere Varianten der Angebotspräsentation zu wechseln.

AUFBAU DES ANGEBOTES

Nachdem wir das Thema der Angebotspräsentation vorgezogen haben, lassen Sie uns jetzt zurück an den Start gehen. Hier geht es um den Aufbau, die Struktur Ihrer Angebote.

Basis Ihres schriftlichen Angebotes sollte eine logische und gut verständliche Angebotsstruktur sein, die alle potenziellen Punkte und Fragen, die Ihr Kunde im Kopf hat, abdeckt. Sie ist das Gerüst für Ihr schriftliches Angebot.

Angebotsstrategie #5 – Definieren Sie eine Standardvorlage

Diese Struktur brauchen Sie nicht bei jedem Ihrer Angebote neu zu erfinden. Sie können eine Formatvorlage definieren, die Sie dann immer wieder verwenden. Diese Vorlage gibt nicht nur die Struktur vor, sondern beinhaltet auch etliche der anderen Punkte, auf die wir in diesem Buch noch zu sprechen kommen. So sparen Sie viel Zeit beim Erstellen Ihrer schriftlichen Angebote.

In der Praxis wird in vielen Unternehmen mit ERP-Systemen (Softwaresysteme, die viele oder sogar alle Bereiche eines Unternehmens verbinden) gearbeitet, die auch die Erstellung von Angeboten abdecken. Das hat zwar einige Vorteile, allerdings meist auch den Nachteil, dass diese Ihren

Spielraum in der Gestaltung von Angeboten einengen. Manchmal sind dabei scheinbar recht einfache Dinge nur schwer umsetzbar, weil sie eine aufwendige Änderung des Systems bedeuten würden.

Das sollte Ihnen aber nicht als Grund bzw. Ausrede dienen, einige der Tipps aus diesem Buch in Ihren Angeboten umzusetzen. Selbst bei hoch standardisierten Systemen gibt es meist zumindest ein paar Möglichkeiten, Ihre Angebote individueller und kundenorientierter zu gestalten.

Die psychologisch richtige Angebotsstruktur

Was den Aufbau Ihrer schriftlichen Angebote betrifft und die Reihenfolge, in der Sie Ihre Inhalte präsentieren, so ist diese an den Aufbau eines guten, professionellen Verkaufsgespräches angelehnt. Ihr Angebot ist ein stummer Verkäufer, daher sollte es sich auch wie ein solcher verhalten.

Angebotsstrategie #6 – Zuerst andocken und Beziehungen aufbauen

Einer der größten Fehler, die man bei schlechten Angeboten immer wieder findet (und den schwache Verkäufer auch machen), ist es, einfach nur die Leistungsbestandteile aufzulisten und mit einem Preis zu versehen. Zu Beginn und am Ende finden sich einfach nur kurze, nichtssagende Formulierungsfloskeln, die vielleicht sogar vom System vorgeschlagen und unreflektiert übernommen werden.

Das mag vielleicht für ein sehr kurzes, hochgradig standardisiertes Angebot, bei dem es um kleine Beträge geht, noch ausreichen. Für komplexere und vor allem betragsmäßig größere Angebote ist das definitiv zu wenig.

Wie in einem echten Verkaufsgespräch müssen Sie im Angebot zuerst andocken und Beziehungen aufbauen. Das machen Sie mit der folgenden Struktur.

Struktur eines schriftlichen Angebotes

Im Folgenden finden Sie die wesentlichen Teile eines Angebotes, das verkaufen soll, in der verkaufspsychologisch richtigen Reihenfolge. Darüber hinaus kann und wird es auch – je nach Branche und Leistung – weitere Bestandteile geben, die Ihr Angebot enthalten sollte oder muss.

Das können einerseits rechtlich-formale Dinge – wie Stornofristen oder Spesenregelungen – sein. Andererseits kann es aber auch nötig sein, sehr produkt- oder unternehmensspezifische Informationen an den passenden Stellen zu ergänzen.

1. Ausgangssituation

Beschreiben Sie in kurzer Form (zwei bis drei Sätze) die Ausgangssituation, in der sich Ihr Kunde befindet. Gehen Sie dabei, wenn möglich, auf die Probleme des Kunden ein. Durch das Verstärken des Problembewusstseins und das deutliche Aufzeigen der Nachteile der aktuellen Situation steigen die Chancen, dass Ihr Angebot als Lösung seiner Probleme akzeptiert wird.

Angebotsstrategie #7 – Beschreiben Sie die Probleme des Kunden

Ein paar Beispiele dazu:

- Verkaufstraining:
  Der Außendienst führt 10-15 Verkaufsgespräche pro Tag. Dabei gibt es eine große Schwankungsbreite bei den Abschlüssen zwischen 20 Prozent bei den schwächsten Verkäufern und 50 Prozent bei den besten. Durch diese Underperformance einiger Verkäufer gehen dem Unternehmen Umsätze in der Höhe von ca. 350.000 Euro pro Monat verloren.

- Fenster:
  Das Haus soll im Rahmen einer umfassenden, thermischen Sanierung auch neue Fenster erhalten. Durch die alten, teilweise undichten Fenster entstehen Mehrheizkosten in der Höhe von einigen Hundert Euro pro Jahr.

- Werbekampagne:
  Das neue Modell XY mit der innovativen Z Technologie wird Anfang Dezember gelauncht. Der Launch des Modells wurde zweimal verschoben. Dadurch gibt es einen hohen, kurzfristigen Erfolgsdruck.

So oder so ähnlich könnte das lauten. Dabei nehmen Sie nur die Informationen, die Ihnen der Kunde im Rahmen der Bedarfsanalyse gegeben hat, auf und packen Sie in Ihr Angebot – wenn möglich sogar – wie an früherer Stelle erwähnt – mit den Worten des Kunden.

Dabei geht es nicht darum, dem Kunden neue Informationen zu vermitteln, sondern nur darum, sich erste JAs abzuholen. Der Kunde soll denken: *„Der hat mir zugehört und mich verstanden."*

2. Ziele

Im nächsten Schritt formulieren Sie die Ziele, die der Kunde mit seinem möglichen Kauf bzw. bei seinem Projekt verfolgt. Was will er erreichen? Auch diese Informationen haben Sie in der Bedarfsanalyse erhalten.

Angebotsstrategie #8 – Packen Sie die konkreten Ziele des Kunden in Ihr Angebot

Ein paar Beispiele:

- Verkaufstraining:
  Das Ziel, das Sie mit dieser Maßnahme verfolgen, ist es, die Abschlussquote um 20 Prozent zu steigern und so Ihren Umsatz auf durchschnittlich 1.000 Euro pro Verkäufer und Tag zu erhöhen.

- Fenster:
  Durch den Einbau der neuen Fenster sollen zusätzlich 300 Euro an Heizkosten pro Jahr gespart werden.

- Werbekampagne:
  Mittels der geplanten Kampagne soll die gestützte Bekanntheit des neuen Modells in der Zielgruppe innerhalb von zwei Monaten 50 Prozent betragen.

Formulieren Sie diese Ziele möglichst konkret und vor allem am Kundennutzen orientiert (wie weiter vorne beschrieben).

3. Konzepte, Produkte, Leistungen

Jetzt ist es an der Zeit, Ihre Konzepte, Ihre Produkte oder Leistungen, die die Lösung der Probleme des Kunden darstellen und mit denen er seine Ziele erreichen kann und wird, zu präsentieren. Das können Sie – abhängig davon, was Sie anbieten – in zwei Schritten machen:

- Überblick über das Konzept
- konkrete Produkte oder Leistungsbestandteile mit individuellem Kundennutzen auflisten

Angebotsstrategie #9 – Nicht zu viele Details im Angebot

Bei Ihren Kunden wird es Menschen geben, die sehr detailorientiert sind, und andere, denen ein Überblick mit den wichtigsten Informationen vollkommen ausreicht. Sie müssen beide Typen in Ihrem Angebot ansprechen. Was also tun?

Seien Sie so detailliert wie nötig, aber auch nicht detaillierter. Ihr Angebot soll kein Zahlen- und Datenfriedhof sein. Eine Lösung, die sich für Angebote mit sehr vielen Detailinformationen anbietet, ist, im Angebot selbst einen Überblick mit den wichtigsten Details zu geben. Alle weiteren Informationen – für diejenigen, die sie haben wollen – legen Sie dem Angebot als separates Dokument im Anhang bei.

4. Preise

Bei den Preisen für Ihre Leistung bzw. Ihre Produkte gibt es ein paar Dinge zu berücksichtigen bzw. ein paar Fragen zu klären.

Paketpreise oder Einzelpreise

Sollten Sie zu jedem einzelnen Leistungsbestandteil in Ihrem Angebot auch einen Einzelpreis anführen oder nicht? Die mögliche richtige Antwort auf diese Frage hat auch mit der Art Ihrer Teilleistungen zu tun.

- Bei einzeln verkaufbaren Teilleistungen müssen Sie natürlich Detailpreise anführen.
- Wenn nur das Gesamtpaket kaufbar ist, führen Sie Detailpreis nicht an.
- Wenn Sie einzelne, besonders günstige Detailpreise hervorheben wollen, können bzw. müssen Sie diese anführen.
- Wenn Sie vermeiden wollen, dass über die Preise von Teilen Ihres Angebotes separat diskutiert wird (statt nur über den Gesamtpreis), sollten Sie diese nicht anführen.

***Angebotsstrategie #10 –
Bieten Sie Paketpreise an***

Tendenziell bin ich ein Verfechter davon, Paketpreise anzubieten, wo immer das möglich ist und Sinn macht. Pakete können dabei mehr vom Selben sein (die Zehnerkarte im

Fitnesscenter) – oder, noch besser, die Zusammenfassung unterschiedlichster Produkte und Dienstleistungen (analog wie digital) zu einem Paket. Paketpreise haben folgende Vorteile:

- Ihr Angebot ist schwerer vergleichbar mit denen der Mitbewerber. Sich der Vergleichbarkeit zu entziehen, ist grundsätzlich gut. Vor allem dann, wenn Ihr Angebot – 1:1 verglichen – nicht das billigste ist.
- Es fällt Ihnen leichter, mehr zu verkaufen. Um ein Paket zu verkaufen, braucht es nur ein einziges JA. Für das Grundmodell plus diverser Zusatzausstattungen, die Sie einzeln anbieten, muss der Kunde mehrmals JA sagen.

In manchen Branchen sind Paketpreise üblich, wie zum Beispiel bei Reisen, Autos (Ausstattungspakete) oder Küchen (Möbel, Elektrogeräte, Demontage, Entsorgung und Installation). Doch gerade auch in Bereichen, in denen noch wenig oder gar nicht mit Paketen gearbeitet wird, lohnt es sich, darüber nachzudenken, weil Sie sich auch damit von Ihren Mitbewerbern unterscheiden. Welche Pakete könnten Sie für Ihre Kunden schnüren?

Angebotsstrategie #11 – Geben Sie dem Preis eine eigene Seite

Vor allem dann, wenn Sie vorhaben, Ihr Angebot beim Kunden persönlich zu präsentieren, sollten Sie ein weiteres Blatt opfern und dem Preis, insbesondere dem Endpreis, eine eigene Seite geben. Warum?

Wenn Sie beim Kunden sitzen, mit ihm gemeinsam das Angebot durchgehen und während Sie noch die Leistungsbestandteile erklären, unten auf derselben Seite bereits der Preis sichtbar ist ... Wo wird der Kunde wohl mit seiner Aufmerksamkeit sein?

Richtig, beim Preis! Stattdessen sollte er aber gedanklich bei den Vorteilen sein, die Sie ihm gerade erklären. Wenn Sie das Angebot per Post oder E-Mail verschicken, ist dieser Effekt nicht so wichtig, da Sie ohnehin keine Kontrolle darüber haben, wie Ihr Kunde das Angebot liest. Gleichzeitig schadet es aber nicht, es dennoch so zu machen.

Angebotsstrategie #12 – Rechnen Sie die Ersparnis aus

Wenn es im Rahmen Ihres Angebotes irgendeine Art Ersparnis für den Kunden gibt – einen Rabatt, einen Bonus, eine Gutschrift, einen Sonderpreis etc. – dann sollten Sie diese Ersparnis unbedingt deutlich hervorheben.

Dabei gilt die psychologische Regel:

- Bei kleinen Beträgen (etwa unter 100 Euro) führen Sie die Ersparnis in Prozenten an.
    - Sie sparen 20 Prozent.
- Bei größeren und großen Beträgen verwenden Sie besser absolute Beträge.
    - Ihre Ersparnis beträgt 350 Euro.

Warum? – Ganz einfach. Bei einem Zehn-Euro-Produktklingen zwei Euro Ersparnis nach nicht so viel wie 20 Prozent. Bei einem 250.000-Euro-Projekt klingen zwei Prozent nach nicht viel, 5.000 Euro sind aber richtig viel Geld.

Angebotsstrategie #13 – Geben Sie Gratisprodukten einen Preis

Wenn Sie im Rahmen des Angebotes etwas kostenlos hergeben, sollten Sie das trotzdem mit einem Preis versehen. Ein altes Sprichwort sagt bereits:

„Was nichts kostet, ist nichts wert."

Selbst wenn Sie dieses Gratis-Produkt niemals verkaufen, sondern immer verschenken, muss es einen Preis haben. Speziell wenn Sie dieses Produkt ohnehin immer nur verschenken, können Sie beim fiktiven Preis durchaus – mit Fingerspitzengefühl – etwas kräftiger zulangen. Mit diesem Preis schaffen Sie aus dem Gratis-Produkt einen zusätzlichen Wert und werten so Ihr Angebot auf.

5. Nutzen

Unmittelbar nach den Preisen fassen Sie in Ihrem Angebot nochmals den oder die Hauptnutzen für den Kunden zusammen.

Ein paar Beispiele dazu:

- Verkaufstraining:
  Mit diesem Angebot haben Sie die **Sicherheit**, wichtige Schritte zur deutlichen Steigerung der

Abschlussquoten in Ihrem Verkaufsteam gesetzt zu haben. Die Basis für das von Ihnen angestrebte Umsatz**wachstum** ist damit gelegt.
(Nutzen: „Sicherheit" und „Wachstum")

- Auto:
  Mit diesem Fahrzeug werden Sie nie mehr vor dem Problem stehen, dass Sie für den Familienurlaub nicht alles unterbringen können.
  (Nutzen: „Problemvermeidung" und „Bequemlichkeit")

6. Angebotsgültigkeit

Die Angebotsgültigkeit ist natürlich etwas, das aus rechtlich-formalen Gründen auf den meisten Angeboten angeführt sein sollte bzw. sogar muss. Es könnten sich kostenseitige Änderungen ergeben, die dann zu höheren Preisen führen. Daher muss sich der Anbieter eine gewisse Flexibilität bewahren und darf nicht ewig an sein Angebot gebunden sein.

Doch über diesen einfachen Zweck hinausgehend, hat die Angebotsgültigkeit auch einen verkaufspsychologischen Hintergrund. Dieser hat mit einem psychologischen Hebel – der Verknappung – zu tun. Diese besagt, dass Dinge, die knapper, seltener, rarer sind, Dinge, die nicht jeder immer haben kann, wertvoller werden.

Angebotsstrategie #14 – Verknappen Sie Ihr Angebot

Diese Verknappung kann auf unterschiedliche Arten erzielt werden. Abgesehen von den Fällen, in denen das Produkt oder die Leistung tatsächlich knapp ist – etwas, wovon es nur eine gewisse Menge, vielleicht sogar nur ein Stück bzw. eine Einheit gibt –, kann man Produkte und Leistungen künstlich verknappen.

Sie können diesen Hebel auch für Ihre Angebote nutzen, indem Sie die Angebotsgültigkeit verkürzen. Das können Sie im Wesentlichen auf zwei Arten tun:

- zeitliche Verknappung (die Standardvariante)
    - Das Angebot gilt bis zum ....
- Verknappung der Menge
    - Davon sind nur drei Stück erhältlich.
    - „Nur solange der Vorrat reicht."

Das muss natürlich mit Fingerspitzengefühl gemacht werden und wird nicht in jeder Branche gleichermaßen gut einsetzbar sein. Wichtig ist es dabei auch, dafür eine sinnvolle Begründung – speziell bei besonders kurzer Angebotsgültigkeit – zu haben. Damit steigern Sie die Glaubwürdigkeit Ihrer Verknappung. Solche Begründungen könnten etwa sein:

- geplante Preiserhöhungen
  Diese können ein wahrer Turbo für Ihren Verkaufsprozess sein. Kunden entscheiden sich in solchen Fällen oft sehr viel rascher, um sich noch den alten Preis zu sichern.
- mögliche oder vorhersehbare Kostensteigerungen

- knappe Ressourcen
  Sie haben nur bestimmte Ressourcen (zum Beispiel Produktionskapazitäten) und müssen diese an andere Kunden vergeben, wenn sich dieser Kunde nicht rasch entscheidet

Speziell das Thema Preiserhöhungen ist diesbezüglich ein sehr spannendes. Wenn Sie gerade jetzt oder immer wieder eine Preiserhöhung planen bzw. durchführen, finden Sie viele hilfreiche Tipps und Strategien dazu im Buch: „Wir sind dann mal teurer – Selbstbewusst Preise erhöhen, ohne Kunden zu verlieren." (www.romankmenta.com/shop)

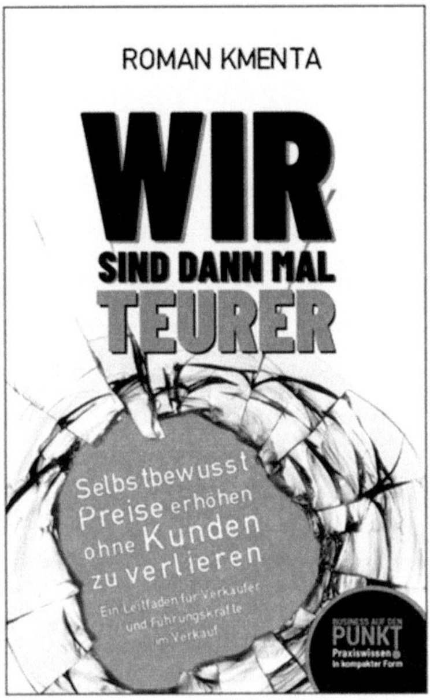

Diese Strategie wird in Verkauf und Marketing oft angewendet. Daher ist sie vielen Kunden bekannt und sie durchschauen die Absicht dahinter. Das bedeutet allerdings interessanterweise nicht, dass die Verknappung nicht trotzdem ihre psychologische Wirkung entfaltet, wie ich immer wieder an mir selbst feststellen kann. Auch viele verhaltenspsychologische Studien haben diesen Effekt und seine Wirksamkeit immer wieder belegt.

Auf den Kunden, der an Ihrem Angebot interessiert ist, übt die Verknappung einen gewissen Druck aus. Sie führt dazu, sich eher bzw. auch rascher für Ihr Angebot zu entscheiden. Bei zeitlicher Verknappung – wie ich es bei Onlineangeboten, bei denen sehr viel damit gearbeitet wird, regelmäßig beobachte – zeigt sich immer wieder, dass viele Kunden noch knapp vor dem Ablauf der Angebotsgültigkeit kaufen.

7. Nächste Schritte

Am Ende Ihres Angebotes sollten Sie dem Kunden noch mitteilen, was – aus Ihrer Sicht – die nächsten Schritte sind. Dass der Kunde natürlich kaufen soll, scheint vielen Verkäufern klar. Muss das denn wirklich extra gesagt bzw. geschrieben werden? Ja, unbedingt.

Es hat sich gezeigt, dass es die Trägheit der menschlichen Entscheidung erfordert, dass man uns genau sagt, was wir tun sollen. Im Fachjargon spricht man dabei von einer sogenannten „Call to Action“ (CTA). Es ist immer wieder erstaunlich, wie sehr sich eine CTA auf Bestellquoten auswirkt.

Bei Onlineangeboten wird viel mit CTAs gearbeitet und es werden viele Tests und Vergleiche durchgeführt (was bei Onlinekaufvorgängen sehr einfach, gut machbar und exakt auswertbar ist). Neben vielen anderen Elementen und

Merkmalen – wie Farben, Positionierung und Größe der Kaufknöpfe – hat die Formulierung der CTA eine wesentliche Wirkung auf den Erfolg.

Angebotsstrategie #15 – Formulieren Sie eine Aufforderung zur Tat (CTA)

Die Regel lautet dabei, so plakativ und direkt wie möglich zu sein: „Klicken Sie jetzt hier". Wenn man diese Erkenntnisse auf ein physisches, schriftliches Angebot in Brief- oder Präsentationsform umlegt (bei dem es ja keine Kaufbuttons gibt), bedeutet das, dass Sie zum Abschluss dem Kunden – wie erwähnt – mitteilen, was Sie jetzt von ihm erwarten.

Ein menschlicher Verkäufer sollte das in einem Verkaufsgespräch schließlich auch machen. Wie erwähnt entspricht ein wirksames Angebot in vielerlei Hinsicht einem professionellen und erfolgreichen Verkaufsgespräch.

Beispiele für Call to Actions:

- Sichern Sie sich diese Vorteile aus diesem *Offert* am besten noch heute und rufen Sie mich unter XYZ an. (Auch hier etwas sanften Zeitdruck zu machen, ist nicht verkehrt).
- Wir freuen uns, dieses Projekt mit Ihnen durchführen zu dürfen. Wenn Sie das ebenso sehen, dann senden Sie uns dieses *Angebotsschreiben* unterschrieben zurück.
- Sichern Sie sich Ihren Platz und bestätigen Sie dieses *Angebot* am besten gleich. (Verknappung der Menge ist ein wirksamer Hebel in der *Verkaufspsychologie*).

Wie auch immer Sie Ihre CTA formulieren, versenden oder präsentieren Sie kein Angebot, ohne dem Kunden zu sagen, was die nächsten Schritte sind und was genau Sie von ihm erwarten.

Zusammenfassung

Lassen Sie uns die Struktur Ihres Angebotes zwecks Übersichtlichkeit nochmals kurz zusammenfassen:

1. Ausgangssituation
2. Ziele
3. Konzepte, Produkte, Leistungen
4. Preise
5. Nutzen
6. Angebotsgültigkeit
7. Nächste Schritte / CTA

Diese Punkte stellen die Grundstruktur dar, die sich auf die Angebote in den meisten Branchen sehr gut anwenden lässt. In Ihrem Fall deckt das vielleicht aber auch nicht alles ab, was Sie in Ihr Angebot hineinschreiben wollen bzw. sogar müssen. Zusätzlich erforderliche leistungs-, produkt- oder unternehmensspezifische Punkte sollten Sie – nach reiflicher Überlegung – an den Stellen einbauen, wo diese aus verkaufspsychologischer Sicht am meisten Sinn machen bzw. am wenigsten stören. Das muss auch nicht im Angebot selbst sein. Oft ist es die bessere Lösung, diese Dinge in einem

Anhang (zum Beispiel in den AGB, Produktbeschreibungen etc.) unterzubringen.

Wenn Sie jetzt feststellen, dass dieser Aufbau so gar nicht Ihren aktuellen Angeboten entspricht, dann bedeutet das keinesfalls, dass dieser für Ihre Zwecke nicht einsetzbar wäre. Ganz im Gegenteil sogar. Der Grund, ein Buch wie dieses zu lesen (das unterstelle ich zumindest), ist es ja, die Dinge zu ändern und nicht nur das bestätigt zu sehen, was man ohnehin schon weiß oder macht.

DARSTELLUNG

Die Struktur Ihres Angebotes, die wir soeben besprochen haben, ist die Basis für alles Weitere. Bei der Darstellung, dem Thema dieses Kapitels, geht es vor allem um optische Umsetzung innerhalb der Struktur.

Ziel der folgenden Strategien und Tipps ist es vor allem, Ihr Angebot leichter lesbar, erfassbar und somit verständlicher für den Kunden zu machen. Die Aufmerksamkeitsspannen der Menschen sind in den letzten Jahren deutlich kürzer geworden. Wir haben es verlernt, konzentriert längere Texte zu lesen – kein Wunder, da wir ja auf sozialen Medien viele Stunden am Tag die Kunst der stark verkürzten Kommunikation trainieren ... wenn auch unbeabsichtigt.

Ihr Angebot sollte diesem Trend daher folgen und aus kurzen, leicht erfassbaren Informationseinheiten aufgebaut sein. Natürlich wird es Branchen geben, wo das einfach machbar ist und solche, wo dieses Unterfangen schwierig, wenn nicht sogar unmöglich erscheint (bei komplexen technischen Lösungen etwa). Doch gerade bei den schwierigeren Fällen ist es besonders wichtig und notwendig, das Angebot auch einfach erfassbar und möglichst verständlich zu gestalten.

In sehr technischen Bereichen werden Angebote zum Beispiel oft von Fachleuten für Fachleute verfasst. So weit so gut, einigermaßen zumindest. Doch was, wenn einer oder mehrere der Mitentscheider von der Materie wenig oder gar keine

Ahnung hat (der Einkauf oder die Führungsebene über Ihrer Ansprechperson zum Beispiel)? Schließlich sollen bzw. müssen gerade diese Personen auch von Ihrem Angebot überzeugt werden und sich dafür entscheiden.

Angebotsstrategie #16 –
Lassen Sie ein Layout gestalten

Bevor wir allerdings in die Details gehen, ein wichtiger Punkt vorab. Die meisten Angebote werden relativ lieblos in Word heruntergeschrieben oder – noch schlimmer – sind das Ergebnis einer Kalkulationssoftware oder, wie vorne erwähnt, eines ERP-Systems, besonders im technischen Bereich.

Oft höre ich von Kunden, die mit derlei Software arbeiten, dass das, was ich sage, zwar richtig sei, aber in ihrer Software nicht umsetzbar ist. Dafür fehlt mir bisweilen das Verständnis. Software soll Ihnen helfen, bessere Angebote zu machen und Sie keinesfalls in der Gestaltung einschränken.

Das Problem ist, dass diese Art von Software meist von Technikern und Programmierern und nicht von Verkäufern bzw. Menschen mit einem Verständnis für Marketing und Verkaufspsychologie erstellt wurde, geschweige denn mit grafischem Fingerspitzengefühl.

Dementsprechend furchtbar sind diese Standardvorlagen dann oft auch.

Nachdem Sie Ihre Vorlage ja oft nutzen wollen (und auch sollten), können Sie hier durchaus ein wenig Kreativität und auch Geld investieren. So Sie nicht selbst einer sind, würde ich auch empfehlen, einen Grafiker zu engagieren, der mit

Ihnen gemeinsam ein optimales Layout für Ihre Angebote entwickelt.

Das betrifft:

- Format: quer, hoch, quadratisch etc.,
- Schriftarten (Stil und Lesbarkeit) für Fließtexte und Überschriften,
- Schriftgrößen,
- Farben,
- Rahmen,
- Hintergründe,
- Standardgrafiken und Bilder.

Ziel ist es dabei, dass Ihre Vorlage

- hochwertig aussieht,
- zu Ihrer Branche und Ihren Produkten passt,
- zu Ihren Kunden passt,
- flexibel anpassbar ist,
- leicht zu verarbeiten bzw. befüllen ist.

Die schlechteste und aufwendigste Variante ist es, Ihr Angebot jedes Mal neu zu gestalten.

Angebotsstrategie #17 – Wählen Sie eine größere Schrift

Wählen Sie für Ihre Angebote, vor allem für jene Teile, die gelesen werden sollen, eine etwas größere Schrift als üblich oder notwendig wäre. Das Angebot wird dadurch etwas länger, was aber kein Problem darstellt.

Vor allem, wenn Ihre Kunden nicht mehr ganz jung sind, ist die Schriftgröße entscheidend dafür, wie leicht und damit auch, wie gern Ihr Angebot gelesen wird. Ich stelle an mir selbst fest, dass ich es vermeide, zu kleine Texte zu lesen – auch deshalb, weil ich mich noch weigere, eine Lesebrille zu tragen.

Wie groß ist groß genug? Das hängt davon ab, welches Format Sie verwenden. Bei Angeboten im Powerpoint Querformat (ähnliche einer Präsentation) nutze ich eine Schriftgröße von 16 Punkt für den Fließtext, für Überschriften 18-20 Punkt. Für eine richtige Präsentation vor ein paar Kunden, bei der Sie ein Bild per Beamer an die Wand projizieren, wäre das zu klein. Für solche Fälle würde ich keine Schrift unter 24 Punkt verwenden.

In solchen Präsentationen sehe ich allerdings regelmäßig 10- oder 12-Punkt-Schriften, wobei sich die Präsentatoren dafür entschuldigen, falls die Schrift zu klein und damit nicht gut lesbar ist. Das hat damit zu tun, dass es ihnen offenbar schwerfällt, etwas wegzulassen und sich auf das Notwendigste zu konzentrieren. Gerade in solchen Präsentationssituationen ist genau das aber ein wesentliches Erfolgskriterium. Details können Sie, wie erwähnt, immer noch als Handout – nach der Präsentation (damit nicht darin herumgeblättert wird, während Sie sprechen) – verteilen.

Für ein Angebot im Word-Briefformat ist eine 16-Punkt-Schrift zu groß. Hier würde ich aber mindestens 12 Punkt nutzen, vielleicht sogar 14 Punkt für den Fließtext und 14 oder 16 Punkt für Überschriften.

Alles in allem ist die Schriftgröße in Angeboten ein einfach lösbarer, aber durchaus wichtiger Punkt.

Angebotsstrategie #18 – Formulieren Sie kurze Sätze

Wie erwähnt, sind wir es alle gewohnt, kurze Sätze zu lesen. Je länger die Sätze, desto schwerer lesbar und verstehbar.

Schreiben Sie Ihr Angebot daher zuerst, ohne über die Länge der Sätze nachzudenken. In einem Überarbeitungsdurchgang überprüfen Sie dann die Länge Ihrer Sätze und kürzen diese. Im einfachsten Fall machen Sie aus einem längeren zwei kurze Sätze.

Die Länge der Sätze ist zwar ein wichtiges Kriterium für die Verständlichkeit eines Textes, aber lange nicht das Einzige. Es gibt Experten, die sich wissenschaftlich mit dem Thema Messung der Verständlichkeit eines Textes beschäftigen. So weit müssen Sie nicht gehen. Kürzere Sätze sind schon einmal eine sehr gute Basis.

Wenn Sie das Thema ohne viel Aufwand aber noch vertiefen wollen, gibt es zum Teil kostenlose Onlinetools, in denen Sie Ihre Texte eintragen können und die diese bezüglich ihrer

Verständlichkeit nach unterschiedlichsten Kriterien genau analysieren.

Zwei solcher Tools finden Sie hier:

- https://wortliga.de/textanalyse/
- http://www.schreiblabor.com/textanalyse/

Ich würde nicht unbedingt empfehlen, jeden Angebotstext durch diese Tools überprüfen zu lassen. Das ist zu aufwendig und auch nicht nötig. Was Sie aber tun können, ist, dass Sie ab und an einen Ihrer Texte damit überprüfen und so immer wieder Feedback zu Ihrem Schreibstil in puncto Lesbarkeit einholen. Im Laufe der Zeit werden Sie durch dieses Feedback besser verständliche und leichter lesbare Texte verfassen.

*Angebotsstrategie #19 –
Verwenden Sie Bullet Points und Listen*

Etwas, das die Lesbarkeit Ihrer Angebote enorm verbessert, sind Bullet Points und Listen. Statt die Informationen in Fließtext zu verpacken (was teilweise aber durchaus in Ordnung ist), zählen Sie diese untereinander als Bullets oder in Listenform auf.

Sie können das noch durch grafische Elemente unterstützen, indem Sie die Liste zum Beispiel in eine Tabelle mit Rahmen verpacken. Auch diese Elemente sind etwas, das Sie bei der grafischen Gestaltung des gesamten Angebots berücksichtigen und auch gleich mitgestalten lassen sollten.

Angebotsstrategie #20 – Machen Sie mehr Absätze

Viele Angebotstexte (aber auch viele andere Texte ganz generell) leiden unter zu langen Absätzen. Gewöhnen Sie sich an, kürzere Absätze zu machen. Nach zwei, maximal drei Sätzen (bzw. Zeilen) sollten Sie einen Absatz einfügen. Das erleichtert die Lesbarkeit enorm.

Angebotsstrategie #21 – Machen Sie Zwischenüberschriften

Wenn Sie mehr Absätze machen, dann können Sie den Effekt noch weiter verstärken, indem Sie die eine oder andere Zwischenüberschrift hinzufügen. Lesen Sie Ihr Angebot, wenn Sie es fertig geschrieben haben, nochmals durch und prüfen Sie ganz bewusst diese beiden Punkte – Absätze und Zwischenüberschriften.

Für die einfache und systematische Überprüfung Ihres Angebotes finden Sie auf der Ressourcenseite zu diesem Buch unter https://www.romankmenta.com/bap-angebote/ eine komplette Checkliste. Holen Sie sich diese am besten jetzt gleich.

Angebotsstrategie #22 – Verwenden Sie Grafiken und Bilder

„Ein Bild sagt mehr als tausend Worte!“ Diese alte Weisheit hat immer noch Bedeutung, auch wenn es um Ihre Angebote geht. Gerade bei sehr technischen und erklärungsbedürftigen Produkten und Leistungen können Bilder und Grafiken wahre Wunder wirken.

Dabei können die Bilder natürlich Ihre Produkte oder Details davon zeigen. Das macht in vielen Fällen Sinn. Gleichzeitig gibt es Dinge, die Sie verkaufen wollen, die sich nicht ganz so einfach in einem Bild darstellen lassen – Leistungen und Konzepte etwa. Daher empfiehlt es sich, dass Sie sich eine Sammlung mit Bildern zulegen – gerade auch solche, die nicht unbedingt Produkte darstellen, aber das, was Sie kommunizieren wollen, visuell unterstützen. Solche Bilder könnten sein:

- Produktbilder,
- Bilder von (besonders wichtigen) Produktdetails,
- Bilder von den Menschen/Mitarbeitern, die Ihre Leistung umsetzen,
- Grafiken, die Abläufe, Zahlen, Statistiken etc. verdeutlichen,
- Bilder von zufriedenen Kunden (im Rahmen von Testimonialaussagen),
- Bilder oder auch Grafiken, die den Teil des Angebotes, um das es gerade geht, symbolisieren,
    - Die Ziele, die Ausgangssituation, die Investition etc.,
- Bilder Ihrer Produktionsstätten, Anlagen oder einzelne Produktionsschritte

Denken Sie dabei daran, dass gerade auch mit den Bildern Emotion vermittelt werden sollten. Und ja, auch in technischen Bereichen geht das.

Angebotsstrategie #23 – Nutzen Sie Farben und Textlayout mit Fingerspitzengefühl

So sehr Farben, verschiedene Schriften, Unterstreichungen, fetter Text etc. die Lesbarkeit und Wirkung Ihres Angebotes verbessern können, so leicht kann man das auch übertreiben. Zuviel davon wirkt dann rasch kitschig, billig und wertet ab.

Definieren Sie daher in Ihrem Standardlayout mit dem Grafiker Ihrer Wahl auch, wie viel und was davon okay und was zu viel des Guten ist.

All diese Möglichkeiten in der Gestaltung Ihrer Angebote sind im Prinzip einfach nutzbar, werden aber oft nicht genutzt. Wenn Sie diese allerdings einsetzen, wird Ihr Angebot sich schon allein optisch von den Angeboten der Mitbewerber positiv unterscheiden und wesentlich professioneller, aber auch sympathischer wirken.

PERSONALISIERUNG

Wir leben in einer Zeit, in der Kunden alles sehr persönlich haben wollen. Es gibt kaum Produkte, wo dieser Trend zur Personalisierung nicht Einzug gehalten hätte. Sogar Ihr Auto – ein Produkt, das früher hochgradig standardisiert war – können Sie sich ganz nach Ihrem Geschmack zusammenstellen und online konfigurieren. Mass Customization nennt sich der Trend.

Da ist es nur logisch, dass auch Ihre Angebote beim Kunden die Wirkung hinterlassen sollten, dass Sie dieses Angebot ganz speziell für diesen Kunden gemacht haben. Und das ist mit ein paar einfachen Kniffen und Strategien leicht und mit wenig Zeitaufwand möglich. Sie müssen dafür das Angebot nicht jedes Mal neu erfinden.

Das Personalisieren hat, genauer betrachtet, zwei Aspekte.

- Einerseits geht es darum, das Angebot so weit wie möglich auf den Kunden abzustimmen – nicht nur inhaltlich, sondern auch formal.
- Andererseits sollte aber auch zum Ausdruck kommen, dass Sie sich persönlich viel Mühe gegeben haben, dieses Angebot für den Kunden zu verfassen.

Angebotsstrategie #24 – Verwenden Sie das Kundenlogo

Um mit etwas Einfachem zu beginnen: Verwenden Sie das Kundenlogo in Ihrem Angebot, wenn Sie Unternehmen als Kunden haben. Einfach deshalb, weil das etwas ist, das ich in vielen Angeboten bereits umgesetzt sehe. Aber Achtung: Recherchieren Sie zur Sicherheit nochmals genau, welches Logo das aktuelle ist. Logos ändern sich und ein altes Logo zu verwenden (wie es mir schon einmal passiert ist) ist peinlich.

Bei Privatpersonen als Kunden könnten Sie aus dem Namen (siehe nächste Strategie) eine Art Logo machen. Auch das lässt sich grafisch einfach umsetzen und vor allem standardisieren.

Angebotsstrategie #25 – Verwenden Sie den Namen des Kunden

Was hören bzw. lesen Menschen am liebsten? – Ihren eigenen Namen! Und am zweitliebsten? – Ihren eigenen Namen! Und am drittliebsten? Richtig, Sie haben den Dreh raus: ihren eigenen Namen!

Das mag etwas übertrieben klingen, aber ich glaube mich an Studien zu erinnern, die das belegen. Aber auch ganz ohne Studien können Sie das selbst testen. Wie geht es Ihnen, wenn Sie in ein Lokal kommen, in dem Sie Stammgast sind und mit Namen begrüßt werden. Fühlt sich schon gut an, oder?

Und jetzt stellen Sie sich vor, Sie würden in ein Geschäft gehen, in dem Sie nur selten, zum Beispiel dreimal im Jahr, sind und dort mit Namen begrüßt werden (das ist mir bei einem Schuhmacher passiert und ich weiß nicht genau, wie er das gemacht hat). Phantastisch, aber fast schon ein wenig spooky in Zeiten der DSGVO.

Bauen Sie den Namen des Kunden (die Person) bzw. den Namen des Unternehmens, wenn Sie im B2B-Bereich unterwegs sind, ab und an in Ihre Angebote ein. Im Begleitschreiben ohnehin (wenn Sie ein separates verwenden), aber durchaus auch im Angebot selbst, wo es passt.

Angebotsstrategie #26 – Führen Sie den Kundennutzen an

Auf die Gefahr hin, dass ich mich wiederhole (wir hatten uns ja zu Beginn des Buches schon damit beschäftigt), aber es ist so enorm wichtig: Bauen Sie den oder die wichtigsten Kundennutzen in Ihr Angebot ein, wo immer es passt.

Arbeiten Sie das Angebot nochmals durch und prüfen Sie, ob Sie das gemacht haben bzw. wo Sie den Kundennutzen im Angebot noch verstärkt formulieren können. Aus eigener Erfahrung weiß ich, dass wir sehr leicht wieder in die reine Auflistung von Produkt- oder Leistungsmerkmalen verfallen und den Kundennutzen aus dem Blick verlieren.

Angebotsstrategie #27 – Unterschreiben Sie persönlich

Eine händische Unterschrift gibt Ihrem Angebot auch eine persönliche Note. Idealerweise – wenn Sie das Angebot ausdrucken und zum Beispiel per Post senden – eine echte Unterschrift von Ihnen.

Wenn Sie noch eins draufsetzen und Ihre Unterschrift noch wertvoller gestalten wollen, dann unterschreiben Sie mit einer Füllfeder. Das hat mehr Stil und wirkt noch persönlicher. Und ja, auch wenn der Unterschied zum Kugelschreiber ein kleiner, feiner sein mag, aber man sieht, wenn ein Angebot mit einem Füller unterschreiben wurde. Vielleicht verwenden Sie sogar eine Füllfeder mit etwas breiterer Spitze. Das sieht richtig gut aus. Und ja, am besten in einem dunklen Blau oder Grün. Damit heben Sie sich zusätzlich ab.

Sollten Sie das Angebot auf elektronischem Weg übermitteln, dann scannen Sie Ihre Unterschrift ein (die mit dem Füller geschriebene). Nutzen Sie dafür eine andere Farbe, blau oder grün zum Beispiel. Dadurch wirkt die Unterschrift noch ein wenig echter. Schwarze Unterschriften wirken wie kopiert.

Übrigens: Keine i. V. (in Vertretung) Unterschriften. Damit sagen Sie nichts anderes als: *„Lieber Kunde, du bist für mich nicht wichtig genug, daher lasse ich dieses Schriftstück von einem Untergebenen unterschreiben und habe mehr Zeit, mich den wirklich wichtigen Menschen zu widmen.*“ Und das – vermute ich – wollen Sie nicht kommunizieren. Verzichten Sie daher auf diese Variante, es sei denn, sie ist aus irgendeinem Grund zwingend erforderlich.

Angebotsstrategie #28 – Verwenden Sie Post-its

Wenn Sie noch eine weitere persönliche Note zu Ihrem Angebot hinzufügen wollen, dann verwenden Sie Post-its oder ähnliche Tools zum Markieren. Gerade dann, wenn viele Angebote standardisiert und automatisiert sind, fällt Ihres dadurch auf und hebt sich von den Angeboten der Mitbewerber ab.

Bei aller anzustrebenden Professionalität bei Ihrem Angebot machen Sie dieses menschlicher und somit sympathischer, wenn Sie eine Stelle besonders markieren (Post-it mit Pfeil oder Notiz drauf) oder auch eine persönliche Anmerkung hinterlassen.

Das können Sie bei einem ausgedruckten Angebot ganz einfach umsetzen. Doch auch bei einem digital übermittelten ist das möglich. Drucken Sie das Angebot aus, machen Sie Ihre Vermerke (auch mit Post-its, wenn Sie möchten) darauf, scannen Sie das Angebot wieder ein und verschicken Sie die gescannte Version. Ich bin recht sicher, dass keiner Ihrer Mitbewerber das tun wird.

Angebotsstrategie #29 – Bauen Sie Zitate ein

Das ist eine Angebotsstrategie, die vielleicht nicht überall passt und gut einsetzbar ist. Gleichzeitig können Sie mit Zitaten aber Argumente, Produktmerkmale, Kundennutzen und ganz generell Aussagen, die Ihnen wichtig sind, unterstreichen und hervorheben. Zitate sind eine wirksame Möglichkeit, Ihre Angebote zu emotionalisieren.

Zitate können zum Beispiel so eingesetzt werden, dass Sie zum jeweiligen Abschnitt des Angebotes passen. So nutze ich selber Zitate in der Standardvorlage meiner Angebote.

Beispiele dafür aus meinen Angeboten für Weiterbildungsmaßnahmen in Unternehmen sind:

- **Ziele**
  „Erfolg wird nicht an Zielen, sondern an kontinuierlicher Verbesserung gemessen." – Tiger Woods

- **Konzept und Umsetzung**
  „Erfolg ist das Resultat guter Vorbereitung, harter Arbeit und lernen aus Misserfolgen!" – Colin Powell

- **Preisteil**
  „Eine Investition in Wissen bringt immer noch die höchsten Renditen." – Benjamin Franklin

Welche Teile und Botschaften in Ihren Angeboten könnten Sie durch Zitate unterstreichen und verstärken? Legen Sie sich eine Sammlung von Zitaten an, die gut zu Ihnen passen. Diese können Sie dann – nicht nur – für Ihre Angebote nutzen.

Emotionen machen den Unterschied und werten auf

Wie erwähnt tendieren vor allem Anbieter in technischen Branchen dazu, ihre schriftlichen Angebote auf Zahlen, Daten und Fakten zu beschränken. Wenn Sie so Ihre Angebote schreiben, dann drängen Sie Ihre Kunden förmlich dazu, sich – bei gleichen Qualitäten und Mengen – auf den Preis als einziges Unterscheidungsmerkmal zu fokussieren. Und das macht nur dann Sinn, wenn Sie der Billigste sind.

TEXT UND WORTE

Etwas, das die Wertwahrnehmung Ihres Kunden sehr stark beeinflusst, sind die Worte, die Sie verwenden, wenn Sie Angebote schreiben. Dabei geht es einerseits um die richtigen, die passenden Worte, die dazu geeignet sind, mehr, schönere und größere Bilder in den Köpfen Ihrer Kunden zu erzeugen.

Andererseits macht aber auch die Anzahl der verwendeten Worte einen Unterschied in der Wertwahrnehmung.

Angebotsstrategie #30 – Schaffen Sie Wert mit mehr Worten

Gleich vorweg: Bei dieser Strategie geht es nicht darum, einfach nur viel Text zu produzieren. Das würde nur eine unlesbare Textwüste ergeben.

Tun Sie vielmehr genau das in Ihren Angeboten, was Spitzengastronomen schon seit jeher umsetzen. Was machen diese? Sie sind Meister darin, ihre Speisen und Getränke mit den richtigen Worten deutlich wertvoller erscheinen zu lassen.

Ich wohne in Bad Vöslau, einer Weinbaugegend südlich von Wien. Die Weinbauern sind allerdings nicht nur Weinproduzenten, sondern auch Gastwirte und „stecken" als sogenannte „Heurige" alle paar Wochen für knapp zwei Wochen „aus". Für Leser aus Deutschland oder der Schweiz, die diese Art von Gastwirtschaften vielleicht nicht kennen: „ausstecken" bedeutet „geöffnet haben".

Man kann dann dort essen und Wein trinken, in netter, bodenständiger Atmosphäre und zu sehr günstigen Preisen. Das „Schnitzel" – vom Schwein oder Huhn – kostet beim Heurigen sechs bis acht Euro und ist meistens groß und schmeckt sehr gut.

Was aber, wenn man dasselbe Schnitzel (vom Schwein und nicht etwa das vom Kalb) in der gehobenen Gastronomie bestellt. Wie viel wird dort verlangt? 20 Euro, 25 Euro oder sogar mehr?

Es würde uns sehr eigenartig vorkommen, wenn auf der Speisekarte im Zwie-Hauben- bzw. Drei-Sterne-Restaurant einfach stehen würde „Schnitzel vom Schwein". Dafür wären wir nicht bereit, 25 Euro auszugeben, oder? Da muss sich der Gastronom schon etwas mehr anstrengen und seine literarische Ader anzapfen.

„Saftiges Wiener Schnitzel vom steirischen Bio-Jungschwein aus eigener Vollmond-Schlachtung" oder so ähnlich könnte die Beschreibung dann lauten. Lassen Sie das wirken und entscheiden Sie selbst. Hat das Schnitzel dadurch einen Wertzuwachs erfahren?

„Worte schaffen Werte."

Natürlich ist die wortgewaltige Beschreibung der Speisen nicht der einzige Hebel, den die Spitzengastronomie nutzt, aber ein wichtiger, wie ich meine. Und einer, der sich in allen Branchen einsetzen lässt.

Ein paar Beispiele dafür:

Ein Industriebetrieb könnte einen Werkstoff zum Beispiel nennen:

- Plastik
- Kunststoff
- Spezialkunststoff
- Abriebfester Spezialkunststoff
- Abriebfester High-Tech Kunststoff
- Extrem abriebfester Hightech-Kunststoff
- Extrem abriebfester Hightech-Kunststoff aus der Weltraumforschung

Oder ein Dienstleister, der so wie ich Vorträge und Keynotes hält, könnte diese so benennen:

- Ein Vortrag
- Ein inspirierender Vortrag
- Ein enorm inspirierender Vortrag
- Ein enorm inspirierender und pointierter Vortrag
- Ein enorm inspirierender und bemerkenswert pointierter Vortrag
- Ein enorm inspirierender, bemerkenswert pointierter und humorvoller Vortrag
- Ein enorm inspirierender, bemerkenswert pointierter und extrem humorvoller Vortrag

Entscheiden Sie selbst, wie groß der Unterschied in der Wirkung ist. Um wie viel wertvoller Ihr Angebot im Kopf Ihres Kunden durch den gezielten Einsatz dieser Strategie ist, werden wir wohl nicht exakt herausfinden, da wir in seinen Kopf nicht hineinschauen können. Dass der Wert dadurch aber gesteigert wird, sagt schon der gesunde Menschenverstand.

Angebotsstrategie #31 – Schaffen Sie Wert mit ausgefalleneren und mächtigeren Worten

Der zweite Teil der „Wortstrategie" ist es, schönere, ausgefallenere und mächtigere Worte zu verwenden. Worte, die größere und packendere Bilder in den Köpfen Ihrer Kunden erzeugen.

Gerade im deutschsprachigen Raum habe ich oft den Eindruck, dass die Vielfalt der Möglichkeiten, etwas auszudrücken, nicht annähernd ausgeschöpft wird. Dabei ist die deutsche Sprache eine, die mit vergleichsweise vielen Worten ausgestattet ist.

Linguisten schätzen den Standardwortschatz auf etwa 500.000 Worte (andere Schätzungen sprechen von mehreren Millionen, je nachdem, was alles hinzugezählt wird). Der tatsächlich genutzte Anteil ist nur ein kleiner Teil davon. Das bedeutet, dass wir Potenzial haben, wortgewaltigere Angebote zu schreiben.

Die Amerikaner etwa sind uns dabei weit voraus (und das nicht nur, weil die englische Sprache wahrscheinlich noch mehr Worte als die deutsche ihr Eigen nennt).

Während wir im deutschsprachigen Raum etwas mit *„schön“* und *„gut“* beschreiben und uns ggfs. mal zu einem *„sehr gut“* oder *„super“* hinreißen lassen, sind die US-Amerikaner da schon wesentlich beredter und emotionaler.

*„Wenn einem Deutschsprachigen ein „sehr toll“
über die Lippen kommt,
ist das bereits ein außergewöhnlicher
Gefühlsausbruch!“*

„Awesome“ hört man in Amerika öfters, aber auch *„extra-ordinary“, „sensational“, „tremendous“, „terrific“* und *„gorgeous“* kommen den Amis genau so leicht über die Lippen.

Die Amerikaner sind eben tendenziell wesentlich begeisterungsfähiger als wir hierzulande und neigen mehr zu Superlativen … nicht nur in der Wortwahl.

Typisch amerikanisch! … Funktioniert hier aber genauso

Wie gesagt, wir haben die Worte ja auch in der deutschen Sprache, einzig wir verwenden sie seltener und zurückhaltender. Natürlich gibt es positive Ausnahmen. Schriftsteller, Literaten, aber auch professionelle Werbetexter zum Beispiel.

Ein Markenartikler würde wohl kaum ein neues Produkt auf den Markt bringen und es als „sehr gutes neues Modell“ bewerben. Da wird aus dem Vollen geschöpft – und es wirkt auch hierzulande (um gleich den Stimmen vorzubeugen, die meinen, dass das zu amerikanisch sei und auf Europa nicht übertragbar).

Adjektive – DAS Mittel zum Wertsteigern

Speziell Adjektive (Eigenschaftsworte) eignen sich zur Wertsteigerung besonders gut. Was fällt uns zum Beispiel alles statt *„gut"* ein? … Und dabei lassen wir die gängigen deutschen Ausdrücke wie *„super"*, oder *„toll"* gleich einmal weg:

außergewöhnlich, hervorragend, gelungen, exzellent, optimal, wirkungsvoll, nützlich, auf den Punkt, ideal, besonders, außerordentlich, beeindruckend, bedeutsam, umwerfend, fabelhaft, sagenhaft, fantastisch, bezaubernd, entzückend, genial, grandios, extraordinär, herausragend, effizient, effektiv, hervorragend, großartig, brillant, fantastisch, weltklasse, übernatürlich, strahlend, gigantisch, außerirdisch, mythisch, göttlich, (inter-)galaktisch, märchenhaft, der Burner, takko, (leider) geil, phänomenal, elektrisierend, ausgezeichnet, schmackhaft, delikat, prickelnd, knackig, pointiert, pfiffig, sexy, clever, hochwertig, punktgenau, inspirierend, heiß, cool, bemerkenswert, wunderbar, sensationell, spitze, edel, beneidenswert, nachahmenswert, pipifein, genial, steil, wahnsinnig, zum Niederknien, bewundernswert, zum Niederbrechen, ehrfurchtgebietend, ehrfurchteinflößend, anbetungswürdig, unglaublich, jenseitig, erotisierend, bonfortionös, extraterrestrisch, epochal, magisch, noch nie dagewesen, nur einmal im Leben, eine Elf auf der zehnteiligen Skala … nur um ein paar Beispiele zu nennen.

Und dazu kommen dann noch alle Kombinationen (oft mit *„echt, extra, besonders, außerordentlich“* etc.) wie zum Beispiel*„außerordentlich bewundernswert“*, *„unglaublich genial“* oder *„echt bemerkenswert“*.

Ein Freund von mir verwendet am liebsten ein an sich negativ assoziiertes Adjektiv (das eigentlich ein Substantiv ist), um seine höchste Bewunderung auszudrücken und sagt dann so etwas wie: *„Das Essen war echt mörder!“* … nur um zu zeigen, dass der Fantasie offenbar nur wenige Grenzen gesetzt sind, und nicht etwa um vorzuschlagen, die Produkte in Ihren Angeboten in Zukunft mit „echt mörder“ zu bezeichnen.

Wortmagie: Wert steigern durch das Erzeugen von Emotionen

Doch wozu diese „Spielerei“ mit den Worten? Ganz einfach: Die semantische Reaktion, das heißt der Einfluss, den ein Wort auf Denken und Emotionen eines Menschen hat, ist zum Beispiel bei *„gut“* eine ganz andere als auf *„zum Niederknien“*. Unterschiedliche Worte wirken unterschiedlich stark auf uns. Wenn Sie die Wahl haben zwischen einem Wort, das schwach, und einem, das sehr stark wirkt, warum nicht das mit der starken Wirkung nutzen, um Ihre Argumente deutlich zu machen?

Angebotsstrategie #32 – Schreiben Sie „kundisch“

Es gibt noch einen weiteren, sehr wichtigen Aspekt für Ihre Angebote im Zusammenhang mit den Worten, die Sie verwenden. Weiter vorne im Buch hatten wir uns ja bereits ausführlich darüber unterhalten, dass es extrem wichtig ist, dass Sie den Kundennutzen in Ihren Angeboten deutlich zum Ausdruck bringen.

Doch das reicht nicht bzw. Sie können den Effekt noch verstärken. Stellen Sie sich vor, Sie übergeben dem Kunden ein Paket. Der Inhalt des Paketes ist das, was der Kunde haben will. Doch wie Sie vielleicht aus eigener Erfahrung mit Geschenken wissen, ist die Verpackung des Paketes extrem wichtig, bisweilen sogar wichtiger als der Inhalt.

Im Fall der Verkaufskommunikation ganz generell dienen unter anderem Worte dazu, die Inhalte Ihres Paketes zu verpacken. Und am liebsten hört der Kunde dabei jene Worte, die er selbst verwendet. Das hat damit zu tun, dass wir ganz generell das sympathisch finden, was uns ähnlich ist.

Wenn Sie bei Ihrem Briefing bzw. Ihrer Bedarfserhebung als Vorbereitung für die Angebotserstellung gut aufgepasst und eifrig mitgeschrieben haben, dann haben Sie eine Sammlung von kundenspezifischen „kundischen“ Worten und (manchmal branchenspezifischen) Ausdrücken, die Sie dann beim Angeboteschreiben verwenden können.

Bauen Sie diese, wenn Sie den Angebotstext formulieren, möglichst 1:1 ein – so wie der Kunde diese verwendet. Ihr Kunde fühlt sich unbewusst viel besser von Ihnen verstanden, wenn er seine eigenen Worte im Angebotsschreiben wiederfindet.

Welche Worte nutzen Ihre Kunden?

- sensationell

- Nachhaltigkeit
- Effektivität

Es gäbe noch Tausende andere Beispiele. Je ausgefallener die Ausdrücke Ihres Kunden sind, desto ergiebiger ist diese Strategie beim Angebot schreiben. Oft sind es auch Worte und ganze Metaphern aus Hobbys Ihres Kunden, die sich in seiner Sprache wiederfinden.

- Das neue Produkt ist ein Hole-in-one.
- *„Ich möchte, dass meine Mitarbeiter mehr Zug auf's Tor bekommen."*, hat einer meiner Kunden einmal gesagt, um mir zu kommunizieren, dass er sich mehr Zielorientierung und Abschlussstärke bei seinen Verkäufern wünscht.

Steigen Sie in die Welt des Kunden ein. Das ist ein wahrer Goldschatz für Ihr Angebot.

Ein Freund von mir verwendet zum Beispiel das Wort „sensationell" auffällig oft und sehr gerne. Das ist ein Wort, das ich selbst eher selten bis gar nicht verwende. Wenn ich aber diesem Freund etwa ein Restaurant empfehlen möchte, dann wäre die Empfehlung am wirksamsten, wenn ich ihm dieses mit den Worten *„Du, gestern war ich in einem wirklich sensationellen Restaurant."* schmackhaft mache.

Eine kleine Bitte

Sie haben nun etwa zwei Drittel des Buches gelesen. Ich hoffe, es ist bereits das eine oder andere dabei, womit Sie Ihre

Angebote einfach und effektiv aufwerten können. Idealerweise haben Sie das sogar bereits erfolgreich gemacht. In diesem Fall gratuliere ich besonders. Im Grunde würde es sogar reichen, wenn Sie nur zwei oder drei Strategien, die Ihnen besonders wichtig und gut umsetzbar erscheinen, auch umsetzen. Allein dadurch haben Sie sehr wahrscheinlich schon mehr gewonnen, als Sie in das Buch investiert haben. Das ist der Vorteil an guten Büchern für Verkäufer: Sie rechnen sich ganz leicht.

Für mich als Autor ist es wichtig, zu erfahren, wie meinen Lesern das Buch gefällt. Basierend auf Leserkommentaren überarbeite ich meine Bücher immer wieder, um sie noch gehaltvoller und praxisnäher zu machen. Wenn Sie also eine zusätzliche Idee aus Ihrer Praxis einbringen wollen, senden Sie mir einfach eine E-Mail an service@romankmenta.com.

Und natürlich würden Sie mir sehr helfen, wenn Sie auch auf Amazon bzw. der Plattform, auf der Sie das Buch erworben haben, eine Rezension hinterlassen. Würden Sie das für mich tun? – Wenn ja, dann machen Sie es entweder gleich, wenn Sie meinen, dass Sie bereits genug gelesen haben, um eine kurze Rezension verfassen zu können. Wenn Sie das Buch erst zu Ende lesen wollen, bevor Sie Ihre Rezension schreiben, dann freut mich das natürlich genauso. In jedem Fall: Vielen herzlichen Dank dafür!

Warum ich diese Bitte jetzt schreibe und nicht am Ende des Buches? Die Erfahrung zeigt, dass so etwas ganz am Ende schnell übersehen wird. Und jetzt: Seien Sie gespannt auf die Strategien, die noch folgen. Ein paar der spannendsten habe ich mir für den Schluss aufgehoben.

PREISPSYCHOLOGIE

Auch die Preispsychologie bietet sehr ergiebige Möglichkeiten, wenn es darum geht, Ihre Angebote wertvoller zu gestalten bzw. die Preise, die Sie anführen, kleiner wirken zu lassen, als sie tatsächlich sind. Und wenn der Preis kleiner ist als der Wert, wird sich der Kunde für Ihr Angebot entscheiden.

Angebotsstrategie #33 – Machen Sie ein Preissandwich

Bei dieser Strategie im Zusammenhang mit Preisen geht es darum, den Kunden davon abzuhalten, über den Preis nachzudenken. Das ist vor allem dann wichtig, wenn Sie nicht der billigste Anbieter sind (was für die allermeisten Leser wahrscheinlich der Fall ist, da es in jedem Bereich ja nur einen billigsten geben kann).

Natürlich können wir den Kunden nicht komplett davon abhalten, über den Preis nachzudenken. Er wird das sehr wahrscheinlich machen. Dennoch sollten wir unser Möglichstes tun, damit er sich vor allem mit dem Wert statt mit dem Preis beschäftigt.

Sorgen Sie dafür, dass der Preis nicht das Allerletzte in Ihrem Angebotsschreiben ist. Danach muss auch wieder ein Kundennutzen folgen. Damit erhöhen Sie die Chance, dass sich Ihr Kunde gedanklich statt mit dem Preis, mit dem Nutzen beschäftigt.

Verpacken Sie Ihren Preis in ein sogenanntes „Preissandwich“, das – wie ein klassisches Sandwich – dreilagig ist.

Ein Beispiel für eine ausformulierte Variante:

1. **Angebotsmerkmal**
   Dieses zweitägige Verkaufstraining für Ihre Außendienstmitarbeiter mit dem Schwerpunkt auf dem Thema Preisverhandlung, inklusive der Maßkonzeption und eines Follow-up-Webinars, ...

2. **Preis**
   erhalten Sie für 6.900 Euro und ...

3. **Nutzen**
   haben damit eine solide Basis dafür geschaffen, Ihre Margen und Deckungsbeiträge um die angestrebten zehn Prozent zu steigern und deutlich mehr zu verdienen.

Wenn Sie zuvor schon Ihre Merkmale und die Preise dafür aufgelistet haben, dann führen Sie nach dieser Auflistung noch ein oder zwei Sätze mit Nutzenformulierungen an.

Achten Sie grundsätzlich darauf, dass die Preise in Ihren Angeboten immer im Zusammenhang mit einem Kundennutzen genannt bzw. gezeigt werden.

Angebotsstrategie #34 – Verzichten Sie auf Weichmacher

Weichmacher sind Worte und Ausdrücke, die das, was wir sagen, abschwächen und ihm die Kraft nehmen. Gerade wenn es um Preise geht, ist es wichtig, dass diese kraftvoll und mit viel Selbstbewusstsein kommuniziert werden.

Bei der Analyse der Angebote eines Kunden habe ich folgende Standardformulierung nach der Preisnennung gefunden:

- Wir hoffen, unsere Preise entsprechen Ihren Vorstellungen.

Was bedeutet das für den Kunden? Wenn der Preis nicht seinen Vorstellungen entspricht, gibt es dann einen besseren, niedrigeren? – Ein klassisches Beispiel für einen Weichmacher. Diese Formulierung lädt den Kunden förmlich dazu ein, nach einem Preisnachlass zu fragen.

Öfter noch als ganze Sätze sind es einzelne Worte, die als Weichmacher fungieren und die Chance, Ihre Preise auch durchzusetzen, dramatisch reduzieren. Solche abschwächenden Worte finden sich in der gesprochenen Sprache deutlich häufiger als in der geschriebenen (zum Glück für Ihre Angebote), dennoch sollten Sie ein diesbezüglich kritisches Auge auf Ihre Angebotsformulierungen werfen.

Verbreitete Beispiel sind:

- könnte, würde, sollte, dürfte
- eigentlich, normalerweise, gegebenenfalls

Solche und ähnlich weichmachende Worte rutschen uns im Rahmen von Preisnennungen unglaublich leicht über die Lippen.

Auch der Listenpreis kann als Weichmacher verstanden werden. *„Der Listenpreis dafür beträgt ...“* impliziert auch, dass es einen anderen, niedrigeren Preis als diesen gibt, der zur Anwendung kommen kann. Lassen Sie in diesem Fall das *„Listen“* einfach weg. *„Der Preis dafür beträgt ...“* ist deutlich solider.

Weichmacher können Ihnen alles in allem viel Geld kosten. Ein falsches Wort an der richtigen Stelle im Angebot ist so gesehen oft viele Euros wert.

Angebotsstrategie #35 – Vermeiden Sie negativ assoziierte Worte

Ein kleiner Tipp noch zu dem vorherigen passend: Ersetzen Sie Worte wie „Kosten“ oder „bezahlen“ durch andere, besser geeignete. Was meine ich damit?

„Kosten“ sind etwas, das wir alle nicht gerne haben, weder privat noch beruflich. Es erweckt ganz automatisch negative Assoziationen. Und diese wollen Sie ganz sicher nicht im Zusammenhang mit Ihren Angeboten erwecken.

Auch „bezahlen“ tun wir nicht so gerne. *„Das wirst du mir bezahlen!“* oder *„Dafür wirst du noch bezahlen!“* erfüllt mich auch nicht mit angenehmen Bildern.

Gewöhnen Sie es sich daher an, Ihre Preise in Angeboten nicht als „Kosten“ zu bezeichnen, sondern besser als „Investition“. Zugegeben, „Investition“ würde an der

Wursttheke im Supermarkt sehr eigenartig wirken bzw. klingen. Bei Produkten oder Leistungen hingegen, die groß und wertvoll genug sind, um dafür ein schriftliches Angebot zu verfassen, ist das Wort „Investition“ fast immer einsetzbar.

Angebotsstrategie #36 – Lassen Sie die €-Zeichen weg

Auch das ist eine kleine, einfache Strategie, die in der Gastronomie immer wieder eingesetzt wird. Es gibt Studien, deren Ergebnisse darauf hindeuten, dass Kunden etwas ausgabefreudiger sind, wenn das Währungssymbol nicht neben dem Preis steht.

Schreiben Sie daher einfach nur die Zahl ohne Eurozeichen als Preis in Ihr Angebot. Führen Sie an passender Stelle unterhalb so etwas wie „Alle Preise in Euro exkl. Ust.“ an. Damit ist den rechtlichen Formalismen Genüge getan und der Preispsychologie ebenso.

Für alle diejenigen, die auch mit Preisschildern arbeiten, gibt es hier noch eine Reihe von zusätzlichen Spezialtipps. Diese finden Sie im Blogbeitrag „Preisschilder und Verkaufspsychologie – 6 absolut erstaunliche Strategien“, der auf der Ressourcenseite (https://www.romankmenta.com/bap-angebote/) verlinkt ist.

Angebotsstrategie #37 – Machen Sie die Preise klein

Wenn es zu Ihrem Angebot passt, dann brechen Sie die Preise auf passende, kleinere Einheiten herunter. Weisen Sie diese statt oder zusätzlich (je nachdem, was im Einzelfall sinnvoll bzw. rechtlich möglich ist) in diesen kleinen Einheiten in Ihrem Angebot aus.

Ein Klassiker hier ist zum Beispiel, dass Autohändler in Ihren Angeboten die Leasingraten pro Monat oder sogar pro Tag auspreisen. Dadurch wirken die Preise kleiner. Psychologisch betrachtet wird dadurch die Hürde gesenkt.

Auf welche Einheiten können Sie die Preise in Ihren Angeboten herunterbrechen? Auf Tage, Stunden, Minuten, Personen, Kilometer, Meter, Anwendungen, Kilogramm, Gramm oder Stück? Manchmal sind es genau die in Ihrer Branche unüblichen Betrachtungsweisen, die für diesen Zweck spannend sein können. Nutzen Sie diesen preispsychologischen Effekt, wenn Sie ein Angebot schreiben.

Beispiele aus der Praxis:

- Den Preis eines Autos pro Tag berechnen (wird beim Leasing gerne gemacht) – oder auch pro Kilometer.
- Die Preise von Fenster und Türen auf Produktlebenszeit berechnen und auf Monate oder Jahre herunterbrechen.
- Immobilienpreise auf Nutzungsjahre bzw. Monate herunterrechnen und dabei nicht außer Acht lassen, dass das Haus oder die Wohnung am Ende immer noch einen Wert hat.
- Die Investition für Firmenseminare pro Teilnehmer statt pro Tag berechnen oder auch bei einem längeren Trainingsprogramm die Teilnehmerpreise zusätzlich auf einen Pro-Monat-Wert herunterbrechen.

Ob Sie nur diese heruntergebrochenen Preise zeigen und auch tatsächlich so verrechnen oder sie zusätzlich anführen, um Ihrem Kunden eine differenzierte Sichtweise auf die Preise zu vermitteln, hängt von Ihren grundlegenden Strategien diesbezüglich ab.

Angebotsstrategie #38 –
Stellen Sie Höherpreisiges voran

Auch die Reihenfolge der Auflistung der Produkte oder Leistungen innerhalb Ihres Angebotes hat einen Einfluss auf die Entscheidung der Kunden und das Ergebnis. In der Psychologie kennt man den sogenannten Ankereffekt. Diese spielt unter anderem bei Preisen – als Preisanker – eine große Rolle.

Ob ein Preis hoch oder niedrig ist, kann ein Kunde letztlich nur durch einen Vergleich feststellen. Diese Vergleiche machen wir automatisch, wann immer wir uns für ein Produkt interessieren und den Preis dafür sehen.

Wir vergleichen mit früheren Käufen desselben oder ähnlicher Produkte, mit Preisen von Mitbewerberprodukten oder auch mit dem Preis, den wir uns vorher vorgestellt bzw. erwartet haben. Letztlich vergleichen wir mit dem Wert, den wir einem Angebot in unserem Kopf beimessen.

Auf Basis dieses Vergleichs beurteilen wir dann, ob etwas teuer oder günstig ist oder aber genau unserer Wertvorstellung entspricht.

Hohe Preise zum Vergleich

Wir arbeiten schon das ganze Buch lang – wie eingangs erwähnt – daran, den wahrgenommenen Wert Ihres Angebotes zu erhöhen, um diesen Vergleich zu Ihren Gunsten zu beeinflussen. Sie können den Preisanker aber noch zusätzlich nutzen, indem Sie dem Kunden einen hohen Preis als Vergleichswert geben.

Diesen hohen Preis – die teuerste Variante Ihres Angebotes – stellen Sie dann an die vorderste Front. Das soll der Kunde zuerst sehen. Vielleicht ist ihm das zu hochpreisig und es käme für ihn niemals in Frage, sich für diese Variante zu entscheiden. Das ist aber nicht so wichtig. Der eigentliche Zweck dieser hochpreisigen Variante ist es, den Ankereffekt zu nutzen und den Preis der übrigen Varianten, die Sie anbieten, günstiger erscheinen zu lassen, was Sie im Vergleich zur teuersten Variante auch sind.

Schaffen Sie Luxusvarianten

In manchen Branchen bzw. bei bestimmten Angeboten kann es sogar Sinn machen, genau für diesen Zweck eigene, besonders hochpreisige Produktvarianten zu kreieren. Bei Dienstleistungen ist das zugegebenermaßen einfacher als bei Produkten. Bei Letzteren können Sie allerdings auch mit Paketen arbeiten und so einen höheren Gesamtpreis errechnen.

Dabei geht es, wie erwähnt, nicht darum, diese Luxusvariante möglichst oft zu verkaufen. Sie dient vor allem dazu, das nächst günstigere Produkt deutlich billiger wirken zu lassen und so dieses öfter zu verkaufen.

Sollten Sie keine verschiedenen Varianten in Ihrem Angebot anbieten wollen bzw. können, dann können Sie diese Strategie dennoch nutzen. Stellen Sie einfach jene Teile Ihres Angebotes voran, die vergleichsweise höhere Preis haben (was nicht bedeutet, dass sie teuer sein müssen).

Listenpreise als Preisanker

Es gibt Unternehmen oder Branchen, die mit Listenpreisen arbeiten, die deutlich über den tatsächlich angebotenen und erzielten Preisen liegen (daher oft auch „Mondpreise" genannt). Jeder Kunde weiß auch, dass diese niemals erzielt werden. Dennoch macht es Sinn, diese als Preisanker zu nutzen und als psychologischen Vergleichswert anzuführen. Auch wenn Ihren Kunden klar ist, dass der Listenpreis niemals zur Anwendung kommt, entfaltet dieser gemäß dem Ankereffekt dennoch seine psychologische Wirkung und lässt die tatsächlich geforderten Preise niedriger wirken.

Die Listenpreise müssen dafür keine echten Listenpreise sein. Jede Art von Streichpreis (der bisher gültige Preis) erfüllt diesen Zweck. Das soll jedoch keine Aufforderung sein, künstliche Streichpreise zu schaffen, die jeglicher Grundlage entbehren (wie das im Handel auf Preisschildern leider immer wieder gemacht wird).

Priming – ein erstaunliches Phänomen

Sollte das in Ihrem Fall auch nicht möglich sein, dann hat die Preispsychologie noch mit einer weiteren, sehr erstaunlichen Tatsache aufzuwarten. Dieser Ankereffekt entfaltet auch dann seine Wirkung, wenn die hohen Zahlen vorab gar keine Preise sind, sondern irgendwelche anderen Zahlen. Dieser psychologische Effekt wird auch als Priming bezeichnet (die oft unbewusste Beeinflussung der Verarbeitung eines Reizes – in unserem Fall des Preises).

Beispiele für Zahlen, die mit dem Preis nichts zu tun haben:

- Die Lebensdauer für XY beträgt 10.000 Betriebsstunden.
- Bereits 10.000.000 Kunden erfreuen sich an diesem Produkt.
- Geschätzte 100.000.000 Menschen weltweit haben genau dieses Problem.

Diese Strategie der richtigen Reihenfolge wird interessanterweise oft nicht genutzt. Vielmehr findet sich genau das Gegenteil viel öfter. Es wird mit den niedrigsten Preisen begonnen. So finden sich auf Getränkekarten (auch eine Form des schriftlichen Angebotes) etwa die billigsten Weine am Anfang, die guten Tropfen am Ende der Liste. Schade, denn umgekehrt würden die Gastronomen mehr Umsatz machen und die Kunden in den Genuss von besserem Wein kommen.

Angebotsstrategie #39 – Machen Sie unrunde Preise

Wie klingen diesen beiden Preisvarianten einer Eigentumswohnung für Sie?

- 350.000 Euro
- 351.350 Euro

Wie unterscheiden sich diese in ihrer Wirkung? In welchem Fall würden Sie wahrscheinlich einen besseren Preis erzielen?

Immobilien sind ein Produktbereich, in dem sehr viel verhandelt wird. Kaum eine Wohnung oder Haus wird zum angebotenen Preis verkauft. Das hat einerseits natürlich damit zu tun, dass es um viel Geld geht und daher auch viel eingespart werden kann. Gleichzeitig hat das Verhandeln im Immobilienbereich auch Tradition.

Man hat bei Immobilienpreisen folgenden Effekt festgestellt. Wenn mit unrunden Preisen (351.350 Euro in unserem Beispiel) angeboten wurde, wurde zwar auch verhandelt, aber der erzielte Preis war letztlich höher als bei runden Preisen (350.000 Euro). Warum?

Allzu runde Preise wirken oft geschätzt und damit wie eine Einladung zum Verhandeln. „Bei 351.350 Euro muss sich der Verkäufer etwas überlegt haben," denkt der potenzielle Käufer automatisch. Unrunde Preise wirken genau berechnet. Dadurch wird gleichzeitig unterstellt, dass bei so genau berechneten Preisen weniger Verhandlungsspielraum besteht.

Weisen Sie daher unrunde Preise in Ihren Angeboten aus. In manchen Branchen ergeben sich diese ohnehin automatisch, weil die Preise traditionellerweise aufgrund einer genauen Kostenkalkulation vieler Bestandteile tatsächlich genau berechnet werden (im Handwerksbereich ist das oft so). Sollte das bei Ihnen nicht der Fall sein, dann machen Sie die Preise in Ihrem Angebot – sinnvoll und glaubwürdig – unrund.

Was ist damit gemeint? Wenn ich für einen Vortrag 6.301,50 Euro verlangen würde, dann würde das sehr seltsam aussehen.

Es wäre nicht glaubwürdig. Kunden würden sich zurecht fragen, wie ich auf die 1,50 Euro komme. Unrunder als in Hundertern – 6.300 Euro etwa – würde ich in diesem Fall nicht empfehlen. Das hat mit der absoluten Höhe des Betrages und mit der Art der Leistung zu tun.

Ein Handwerker hingegen könnte für einen Schlafzimmerschrank durchaus 6.301,50 Euro als Preis in sein Angebot schreiben, wenngleich ich die 0,50 Euro auch in dem Fall weglassen würde.

VERPACKUNG

Nicht nur die verbale Verpackung Ihres Angebotes bzw. die Wertsteigerung durch das passende Layout sind wichtig und beeinflussen den Wert und damit den erzielbaren Preis. Auch die physische Verpackung hat eine starke Wirkung und kann ein wesentlicher Erfolgsfaktor für Ihre Angebote sein.

Angebotsstrategie #40 – Verpacken Sie Ihr Angebot wertig

Die Faktoren und Elemente, mit denen Sie hier arbeiten können, wurden in dem Buch teilweise bereits erwähnt. Hier finden Sie nochmals eine kompakte Zusammenfassung, worauf Sie bei der physischen Ausarbeitung und Gestaltung Ihres Angebotes achten sollten.

Dabei ist anzumerken, dass all das immer mit Bedachtnahme auf das Image, dass Sie verkörpern, Ihre Produkte und Ihre Kunden zu sehen ist. Bei sehr bodenständigen Zielkunden kann eine übertrieben luxuriöse Angebotsverpackung ein Schuss sein, der nach hinten losgeht. Mit etwas Fingerspitzengefühl allerdings können Sie durch die gezielte Nutzung der folgenden Möglichkeiten entscheidende Punkte mit Ihrem Angebot sammeln.

Dickes, hochwertiges Papier

Drucken Sie Ihre Angebote auf etwas dickeres, hochwertiges Papier. Die Haptik Ihres Angebotes ist ein nicht zu unterschätzender Wertfaktor. Wenn es passt, wählen Sie vielleicht eines mit etwas strukturierter Oberfläche. Auch das dezente Spiel mit den Farben des Papiers ist erlaubt. Es muss nicht immer weiß sein.

Ordner oder Mappe

Schriftliche Angebote sind oft mehrere Seiten lang. Investieren Sie ein wenig Geld und lassen Sie sich professionelle Angebotsmappen in Ihrem Firmendesign erstellen – passend zum Layout Ihrer Angebote natürlich.

Unterschrift

Unterschreiben Sie das Angebot persönlich, am besten mit einem Füller mit etwas breiterer Spitze. Das bedeutet keinen Mehraufwand für Sie, wirkt allerdings deutlich wertvoller.

Kuverts und Kartons

Auch die Kuverts sollten – wie das Papier – hochwertig wirken. Wählen Sie auch dafür ein Papier aus, das etwas dicker ist, als es technisch betrachtet sein müsste. Wenn Sie umfangreichere Angebote versenden, lassen Sie sich vielleicht sogar einen (schmalen) Karton als Versandverpackung machen.

Ich selbst habe einen solchen für den Versand von meinen Angeboten für potenzielle Vortragskunden. Ich verschicke bei

Vortragsanfragen meistens auch Bücher zum Angebot passend, die sich in meinem eigens dafür entwickelten Versandkarton optimal verpacken lassen.

Briefmarken

Briefe werden oft nur mit einem unscheinbaren Aufkleber statt einer Briefmarke versehen. Dabei wirken die bunten Bildchen auf den Briefmarken viel netter und wertiger. Verwenden Sie daher besser Briefmarken.

Meines Wissens gibt es sogar Möglichkeiten, sich eigene Briefmarken erstellen zu lassen. Das ist – zugegebenermaßen – schon relativ viel Aufwand, wenn Sie allerdings viele Briefmarken verwenden können, eine sehr nette Idee.

Beilagen

Was können Sie Ihren Angeboten beilegen, das thematisch dazu passt und das Paket aufwertet? Je nach Branche und Unternehmen könnten das sein:

- eine detaillierte Produktbeschreibung,
- ein Produkt- oder Materialmuster,
- eine Imagebroschüre,
- eine Sammlung von Kundenreferenzen,
- ein Buch – die meisten Leser werden (noch) kein eigenes haben, aber ein Buch passend zu Ihrem Angebot ist sehr zu empfehlen und steigert Ihre Kompetenz enorm.

Versand per Post

Wenn Sie Ihr Angebot nicht ohnehin selbst überbringen und präsentieren, versenden Sie es, wie erwähnt, am besten per Post. Die zusätzliche Zeit für den Postversand ist in den meisten Fällen kein Nachteil.

Alles in allem muss der Aufwand für die Verpackung in einem sinnvollen Verhältnis zur Menge der Angebote und zum Preis stehen. Kleinstangebote von 79 Euro derart aufwendig zu verpacken und versenden, wäre wirtschaftlich betrachtet sicher nicht sinnvoll. Wenn Sie allerdings eher wenige und betragsmäßig hohe Angebote verfassen, können Sie auch in die Verpackung jedes einzelnen Angebotes sehr viel Aufwand stecken.

All die angeführten Möglichkeiten, Ihr Angebot professioneller und wertvoller wirken zu lassen, sind einzeln für sich genommen gar nicht so bedeutend. In Summe machen sie allerdings einen Unterschied, der den Unterschied machen kann – zwischen Auftrag und Absage.

AUFFALLEN/SONDERFORMEN

Bei besonders großen oder wichtigen Angeboten, bei solchen, wo vielleicht auch die Konkurrenz sehr professionell und stark ist, kann es Sinn machen, sich beim schriftlichen Angebot noch etwas oder sogar deutlich mehr als sonst zu bemühen. Schließlich wollen Sie besonders positiv auffallen und unter den Mitbewerbern hervorstechen.

Bereiche, in denen es dafür Möglichkeiten gibt, sind vor allem:

- die Angebotspräsentation und
- die Verpackung Ihres Angebotes.

Doch was sind die Möglichkeiten, die Sie hier nutzen können? Grundsätzlich geht es dabei darum, die Grenzen des Normalen, also dessen, was Ihre Kunden erwarten, zu überschreiten. Bei der Angebotspräsentation gibt es neben den eingangs erwähnten Varianten noch einiges mehr bzw. anderes, was Sie tun können.

Die folgenden Ideen zur multimedialen Unterstützung Ihrer schriftlichen Angebote eignen sich vor allem für all jene Angebote, die Sie per E-Mail versenden. Wie besprochen ist der E-Mail-Versand aus verschiedenen Gründen die schwächste Art, Ihre Angebote auszuliefern. Daher ist eine Unterstützung gerade in diesem Bereich sehr sinnvoll.

Angebotsstrategie #41 – Schicken Sie ein Audiofile mit dem Angebot mit

Wenn Sie keine Chance haben, Ihrem Kunden das Angebot persönlich oder telefonisch zu erklären, weil es zeitlich nicht geht oder er das nicht möchte, können Sie dennoch zu ihm sprechen. Nehmen Sie zum Beispiel ganz einfach auf Ihrem Smartphone ein Audiofile auf, in dem Sie Ihre Nachricht an den Kunden hinterlassen, und schicken Sie das mit dem Angebot mit (das sollte im Hinblick auf die Dateigröße noch machbar sein).

In dieser Botschaft können Sie sich vorstellen oder auch Ihr Angebot erklären bzw. zusätzliche Information liefern. So können Sie Ihrem Angebot eine persönliche Note hinzufügen und werden ganz sicher aus der Fülle der Mitbewerberangebote hervorstechen. Mit allergrößter Wahrscheinlichkeit werden Sie der Einzige sein, der sich mittels einer gesprochenen Botschaft an den Kunden wendet.

Angebotsstrategie #42 – Verpacken Sie Ihre Botschaft als Video

Ein wenig aufwendiger, aber definitiv noch wirkungsstärker ist es, Ihre Botschaft an den Kunden in ein Video zu verpacken. Auch das ist heutzutage mit jedem handelsüblichen Smartphone und ein wenig Know-how einfach und schnell machbar.

Dabei geht es gar nicht um Perfektion. Natürlich müssen die Ton- und Bildqualität so sein, dass Ihre Botschaft klar verständlich ist. Darüber hinaus macht es Ihre Präsentation durchaus sympathisch, wenn sie zwar gut, aber technisch nicht perfekt ist. Niemand erwartet einen hollywoodreifen Filmschnitt. Es werden ohnehin alle erstaunt sein, dass Sie dieses Medium zusätzlich gewählt haben.

Bei der Umsetzung dieser Strategie gibt es mehrere mögliche Varianten:

Variante 1

Eine Variante ist es, einfach Ihre Botschaft (Selbstvorstellung, Informationen zum Angebot) in die Kamera zu sprechen.

Variante 2

Wenn Sie das Angebot selbst präsentieren wollen, können Sie anfangs eine Sequenz, wie bei Variante 1, in die Kamera sprechen. Dann legen Sie das Angebot so vor sich (oder stellen den Laptop oder Ihr Pad vor sich), dass der Betrachter das Angebot und Sie als Präsentator gut sehen kann. Führen Sie so eine Angebotspräsentation durch, als ob Sie dem Kunden tatsächlich gegenübersitzen würden.

Das Einzige, was fehlt, ist die Interaktion mit dem Kunden. Dieser würde bei einer persönlichen Angebotsbesprechung ggfs. Fragen stellen oder Einwände erheben. Das können Sie in Ihrem Video selbst übernehmen. Ganz nach dem Motto „An dieser Stelle werde ich von Kunden oft gefragt ...“.

Auch diese Variante, ein Video zu erstellen, ist mit wenig Aufwand machbar. Achten Sie dabei besonders auf die Sichtverhältnisse, etwaige Spiegelungen und die Bildqualität, wenn Sie mit Ihrem Smartphone den Bildschirm filmen. Auch die Schriftgröße ist wichtig. Wahrscheinlich muss für diese

Art der Präsentation die Schrift größer sein als beim normalen, schriftlichen Angebot – ganz abhängig davon, wie Sie die Kamera platzieren.

Eine etwas antiquiert wirkende, aber für diesen Zweck gar nicht unpraktische Methode ist es, mit einem sogenannten Tischflipchart zu arbeiten. Das ist eine Art Ringordner in A4 Querformat, den Sie auf einem Tisch aufstellen und dann Ihre Präsentation Blatt für Blatt umblättern können.

Variante 3

Eine dritte, professioneller wirkende Möglichkeit, Ihre Angebotspräsentation in ein Video zu packen, ist jene, das mit einem Tool zu machen, bei dem Ihre Präsentation groß am Bildschirm zu sehen ist. Sie gehen diese Schritt für Schritt durch und werden dabei in einem kleineren Fenster als Präsentator mitgefilmt, wenn Sie das wollen. Dabei reicht die Kamera, die in Ihren Laptop eingebaut ist.

Tools, die sich dafür gut eignen, sind zum Beispiel

- Screenflow http://www.telestream.net/screenflow/overview.htm oder
- Camtasia https://www.techsmith.de/camtasia.html, aber auch
- Zoom https://zoom.us/ ein Videokonferenz- und Webinartool. Sie können auch andere ähnliche Tools für diese Zwecke nutzen.

Vor allem, wenn Sie planen, öfter einmal derartige Videos zu erstellen, macht sich die Anschaffung des einen oder anderen Tools rasch bezahlt. Aufgrund der vielen Onlinemeetings während der Covid-Krise sind Kunden diese Art der Präsentation inzwischen gewohnt.

Achtung Datenvolumen

Wenn Sie eine der Videovarianten für Ihre Angebotspräsentation nutzen, wird das File sehr schnell zu groß sein, um es per E-Mail zu versenden. Je nach Kunden haben Sie oft schon bei zehn oder 20 MB keine Chance mehr, zugestellt zu werden.

Wenn das der Fall ist, wählen Sie zur Sicherheit einen anderen Weg, das Video zu übertragen. Entweder Sie übersenden es per wetransfer (https://wetransfer.com/) statt per E-Mail oder Sie laden Ihr File auf Youtube oder Vimeo hoch (für die Öffentlichkeit nicht sichtbar) und schicken Ihrem Kunden nur einen Link, über den er sich das Video dann ansehen kann.

Wenn Sie das zum Beispiel mit Vimeo machen, hat das den zusätzlichen Vorteil, dass Sie eine E-Mail erhalten, wenn sich jemand das Video mit Ihrem Angebot ansieht. Speziell bei Angeboten, deren Begutachtung und Entscheidung von mehreren Personen durchgeführt wird und die sich über einen Zeitraum von Wochen oder gar Monaten erstreckt, ist das eine sehr hilfreiche Zusatzinformation. Sie erfahren, wenn der Kunde sich mit dem Angebot tatsächlich beschäftigt und es „ernst“ wird, was die Entscheidung betrifft. So können Sie zum Beispiel punktgenau auch noch per Telefon nachfassen.

Angebotsstrategie #43 – Machen Sie eine eigene Website für Ihr Angebot

Diese Strategie Ihr Angebot zu präsentieren, ist schon um einiges aufwendiger: Erstellen Sie eigens für diesen einen Kunden eine eigene Angebotswebsite (als Unterseite Ihrer eigenen Website).

Das macht vor allem dann Sinn, wenn das Projekt bzw. der Kunde sehr wichtig für Sie sind bzw. im Erfolgsfall ein sehr großer Auftrag winkt.

Auf einer solchen Website (die nur mit einem Code, den Sie dem Kunden zusenden, zugänglich ist) können Sie dann sämtliche Medien kombinieren:

- einen Text mit persönlicher Ansprache des Kunden,
- ein Video (das vielleicht automatisch zu laufen beginnt, sobald die Website aufgerufen wird), in dem Sie den Kunden begrüßen und das Angebot vorstellen,
- das Angebot selbst als PDF zum Download,
- ein Audiofile.

Wahrscheinlich haben Sie noch mehr Ideen, was Sie alles auf so eine Seite packen könnten. Ihrer Kreativität sind hier kaum Grenzen gesetzt.

Auch wenn es mehr Aufwand ist, eine solche kleine Angebotswebsite zu erstellen, sollte Sie das nicht davon abschrecken, diese Strategie einzusetzen. Wenn wir davon ausgehen, dass die einzelnen Bestandteile – das Angebot selbst als PDF, das Begleitschreiben und ggfs. das Video ohnehin erstellt werden müssen – kann eine solche Angebotswebsite mit ein wenig Know-how in 30 Minuten fertig sein.

Ganz generell ist aus meiner Erfahrung diese Variante bei kleinen Unternehmen ganz einfach und unbürokratisch umsetzbar, bei Großbetrieben und Konzernen wäre die bürokratische und technische Hürde dafür wahrscheinlich zu hoch.

Offline auffallen

Doch nicht nur online haben Sie kreative Möglichkeiten mit Ihrem Angebot aufzufallen, auch offline, in der realen physischen Welt gibt es diese.

Angebotsstrategie #44 – Liefern Sie „Shock and Awe Packages"

„Shock and Awe" könnte man in etwa mit „Schock und Ehrfurcht" übersetzen. Das ist genau der Zustand, in den Sie Ihren Kunden mit dieser Art der Angebotsverpackung versetzen wollen. Die Strategie dabei ist es, ein physisches Angebotspaket so zusammenzustellen, das den Kunden sprichwörtlich „von den Socken haut".

Das kann die Inhalte des Paketes oder auch die Art der Zustellung betreffen – oder natürlich beides kombiniert. Diese „Shock and Awe Packages" können richtig Geld kosten – bis zu mehreren 100 Euro pro Paket – und damit deutlich mehr jedenfalls, als ein Brief mit Ihrem ausgedruckten Angebot.

Für Massenangebote ist diese Strategie daher nicht ökonomisch einsetzbar.

Doch wie kann man sich so ein „Shock and Awe Package" vorstellen? Ein paar Ideen dazu. Wenn Sie die eine oder andere Idee für übertrieben halten bzw. gar von dieser schockiert sind, dann könnte diese extrem genug sein für ein wahrhaftes „Shock and Awe Package".

- Lassen Sie Ihr Angebot von einer besonderen Person überbringen,
    - jemandem in Verkleidung (passend zum Produkt) oder
    - einem Promi oder VIP.
- Liefern Sie das Angebot per Drohne.
- Platzieren Sie das Angebot in einem Koffer mit einem Bildschirm, auf dem Ihr Video zu laufen beginnt, sobald der Deckel geöffnet wird.
- Liefern Sie Ihr Angebot in einem vollkommen überdimensionierten Karton auf einer Palette an.

Was immer Sie tun, alles ist denkbar, solange auch diese Art der Verpackung zu Ihrer Botschaft, Ihrem Produkt und zum Kunden passt.

An den Beispielen erkennen Sie schon, dass es Branchen und Produkte bzw. Leistungen gibt, bei denen diese Art der Angebotsverpackung leichter vorstellbar ist und andere, wo man das vielleicht besser nicht machen sollte.

Überall da, wo Kreativität von Ihnen gefragt ist (zum Beispiel als Werbeagentur), könnten Sie mit so einem Paket wirklich punkten. Wenn der Wirtschaftsprüfer sein Angebot für das Audit einer Konzerntochter per Drohne oder berittenem Boten überbringt, könnte es gut sein, dass er sich da ganz rasch aus dem Feld der Mitbewerber um den Auftrag eliminiert.

Wenn diese Ideen für Sie sehr seltsam oder sogar abschreckend klingen, nehmen Sie sich dennoch ein paar Minuten Zeit und lassen Sie Ihrer Fantasie freien Lauf. Das bedeutet ja noch nicht, dass Sie das, was Ihnen einfällt, auch umsetzen müssen. Doch Nachdenken sollte zumindest erlaubt bzw. möglich sein. Vielleicht kommen Sie so auf „Shock and Awe“-Varianten, die selbst in Ihrer Branche denkbar wären.

ABSCHLUSS

Zum Abschluss habe ich noch eine letzte Strategie für Sie mitgebracht. Diese betrifft eigentlich nicht das Angebot direkt, ist aber unglaublich wichtig für Ihren Erfolg.

Bonustipp: Fassen Sie nach – IMMER!

Es ist erschreckend, wie viele Verkäufer Angebote erstellen, teilweise auch viel Zeit und Aufwand investieren, und sich danach nie mehr beim Kunden melden. Mystery Shoppings zeigen immer wieder: Es sind sehr viel mehr, als Sie für möglich halten würden.

Das ist gleichzeitig eine sehr gute Botschaft für Sie. Ihr Mitbewerb ist diesbezüglich potenziell schwach und gehört auch zu denjenigen, die Angebote nicht nachfassen. Das bedeutet, wenn Sie das tun und am Kunden bzw. am Angebot dranbleiben, haben Sie die Nase in vielen Branchen automatisch sehr weit vorne.

Angenommen, Ihr Kunde erhält drei Angebote (was in manchen Branchen gar nicht so einfach ist) und, angenommen, diese drei Angebote sind inhaltlich und formal sowie preislich in etwa vergleichbar. Einer der drei Anbieter fasst nach und meldet sich beim Kunden immer wieder, ohne zu nerven oder aufdringlich zu sein. Die anderen beiden tun das nicht, weil sie Angst haben, den Kunden zu nerven und denken, dass sich der Kunde schon melden wird, wenn er kaufen will.

Für welches Angebot wird sich der Kunde in diesem Fall wohl am ehesten entscheiden? Wer hat die besseren Karten? Ich denke, diese Frage können Sie sich sehr gut selbst beantworten.

„Ich habe keine Zeit, alle Angebote nachzufassen", höre ich von Verkäufern und Unternehmern immer wieder. Wenn Sie keine Zeit haben, nachzufassen, dann stellt sich die Frage, ob Sie ein Angebot überhaupt schreiben und vorab diese Zeit investieren sollten.

Natürlich wird das lückenlose Nachfassen nicht immer bei jedem Angebot möglich sein, wenngleich es das Ziel sein sollte. Wenn es zeitlich eng ist, dann beginnen Sie von oben und fassen die größeren Angebote mit Priorität und per Telefon nach. Die kleineren vielleicht nur per E-Mail, was immerhin besser ist als gar nicht, und gut standardisiert ggfs. sogar automatisiert werden kann.

„Wie lange oder wie oft soll ich meine Angebote nachfassen?", fragen Verkäufer immer wieder. Die Antwort lautet: solange bzw. so oft, bis der Kunden JA oder NEIN sagt. Ich weiß schon, da gibt es auch diejenigen Fälle, wo das ganze Projekt im Sande verläuft. Es kommt keine Entscheidung vom Kunden und irgendwann ist dieser vielleicht auch gar nicht mehr erreichbar. Wann Sie in diesen Fällen aufhören, nachzufassen, müssen Sie individuell entscheiden.

Sehr viel mehr dazu, wie Sie Ihre Angebote so nachfassen, dass Sie unmittelbar deutlich mehr Umsatz machen, erfahren

Sie im Buch „Angebote erfolgreich nachfassen." Holen Sie es sich am besten gleich hier – www.romankmenta.com/shop –, wenn Sie meinen, dass bei Ihnen selbst bzw. in Ihrer Vertriebsorganisation Potenzial besteht, die Umsätze zu steigern. Daran zu arbeiten, rechnet sich für viele Unternehmen und Unternehmer, die ich kenne, ganz rasch.

Heben Sie die ungenutzten Potenziale in Ihren Angeboten

Zusammenfassend haben Sie eine Vielzahl von Möglichkeiten, Ihre schriftlichen Angebote zu besseren stummen Verkäufern zu machen. Wenn Sie diese – oder zumindest manche davon – konsequent nutzen, werden Sie Erfolge erzielen.

Holen Sie sich – falls Sie das noch nicht gemacht haben – die umfassende Checkliste für Ihre Angebotserstellung im Ressourcenbereich für dieses Buch unter www.romankmenta.com/bap-angebote/.

Ihre Angebote werden positiv auffallen. Ihre Kunden werden diese nicht leichtfertig entsorgen. Sie werden sogar das ein oder andere Lob für Ihr Angebot von Kunden erhalten, wenn Sie es besonders gut umgesetzt haben. Und – das letztlich Wichtigste natürlich – Sie werden mehr und vor allem auch zu höheren Preisen verkaufen.

Im Gegenzug dafür ein wenig Zeit, viel Kreativität und ein klein wenig Geld in Ihre Angebote zu investieren, spricht in jedem Fall dafür.

Ich wünsche Ihnen sehr viel Erfolg bei der Umsetzung.

Ihr

ÜBER DEN AUTOR

Marketing- und Preisexperte Roman Kmenta ist seit mehr als 30 Jahren als Unternehmer, Keynote Speaker und Bestsellerautor international tätig. Der Betriebswirt und Serienunternehmer stellt seine langjährige, internationale Marketing- und Verkaufserfahrung im B2B- wie B2C-Bereich heute über 100 Top-Unternehmen sowie vielen Kleinunternehmen und Einzelunternehmern in Deutschland, der Schweiz und Österreich zur Verfügung.

Mehr als 25.000 Menschen lesen wöchentlich seinen Blog bzw. hören seinen Podcast. Mit seinen Vorträgen gibt er Verkäufern, Führungskräften und Unternehmern Denkanstöße zum Thema „profitables Wachstum“ und setzt bei seinen Zuhörern und Lesern Impulse in Richtung eines wertorientierten Verkaufs- und Marketingansatzes.

www.romankmenta.com

Foto: Matern, Wien

Nie mehr sprachlos in Preisgesprächen

Zu teuer! – Hören Sie das immer wieder in Preisverhandlungen? Damit Sie in Preisgesprächen nie mehr sprachlos sind und immer die passende Antwort zur Einwandbehandlung parat haben, finden Sie in diesem Buch 118 Antworten auf Preiseinwände. Das Spektrum geht von frech bis überzeugend, von vernünftig und kalkuliert bis humorvoll ... in jedem Fall aber profitabel!

Mit diesem Buch werden Sie:

- in Preisverhandlungen immer die passende Antwort auf Einwände finden,
- neue Verhandlungstechniken und Methoden der Einwandbehandlung kennenlernen,
- lernen, psychologische Tipps und Strategien in der Preisverhandlung effektiv einzusetzen,
- Ihre Verhandlungsführung erfolgreicher machen,
- beim Preise verhandeln bessere Ergebnisse erzielen,
- mehr Spaß bei der Preisverhandlung haben.

Leserstimmen

- *„Von pragmatisch bis emotional, frech und vor allem für verschiedenste Branchen und Situationen umsetzbar.“*
- *„Im Vertrieb geht es oft um Reframing und Wortgewandtheit. Man merkt, dass die lange Liste aus einem großen Erfahrungsschatz entstanden ist, der seinesgleichen sucht.“*
- *„Top! – Ich habe schon viele teure Seminare besucht und viel weniger in der Praxis anwendbare Sprüche erhalten.“*
- *„Frech, innovativ, mutig und selbstbewusst seinen Wert verkaufen!“*
- *„Selten so gelacht und so vieles wiedergefunden!“*

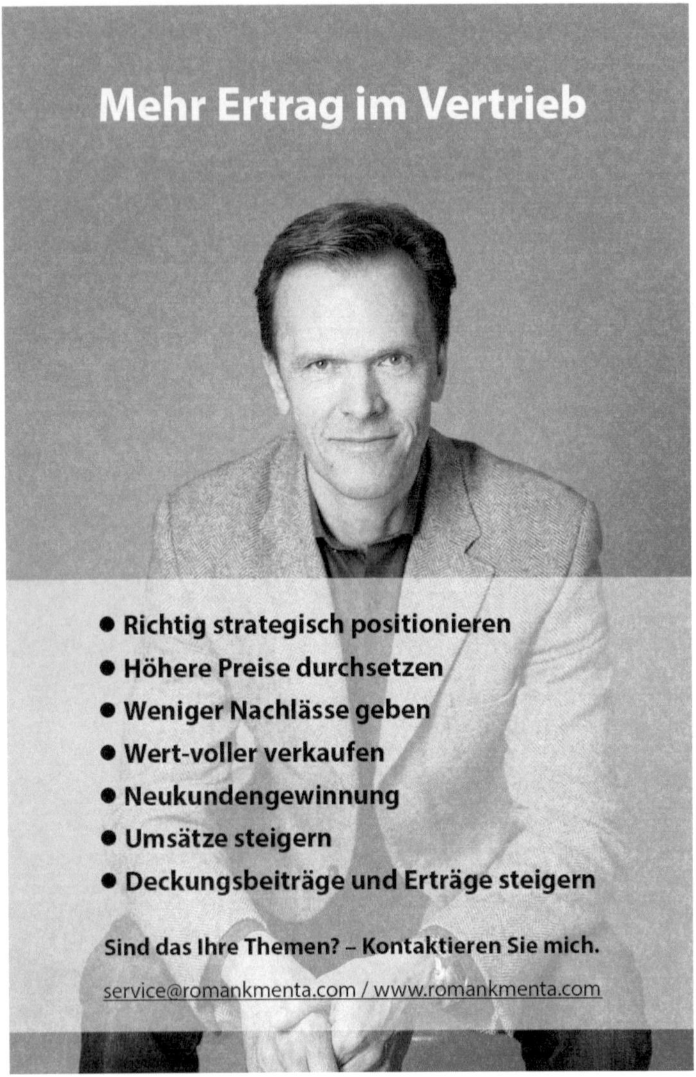
Mehr Ertrag im Vertrieb
• Richtig strategisch positionieren
• Höhere Preise durchsetzen
• Weniger Nachlässe geben
• Wert-voller verkaufen
• Neukundengewinnung
• Umsätze steigern
• Deckungsbeiträge und Erträge steigern
Sind das Ihre Themen? – Kontaktieren Sie mich.
service@romankmenta.com / www.romankmenta.com

Das Verkaufsbuch als Roman – kurzweilig und Augen öffnend

Jochen verkauft Autos und ist mäßig erfolgreich dabei. Dann bekommt er einen neuen Chef und alles beginnt sich zu verändern. Nicht nur, dass mit dem Prozess, den dieser in Gang setzt, berufliche Grenzen weit jenseits dessen verschoben werden, was Jochen für möglich gehalten hätte. Diese Veränderungen stellen sein gesamtes Leben auf den Kopf. Und alles beginnt mit zwei kleinen Worten – „Be Cause“.

NLP im Verkauf – Vom Profi zum Top Experten

Geschickt verpackt NLP Lehrtrainer und Autor Roman Kmenta Strategien und Techniken der Neurolinguistischen Programmierung in einen packenden, lebensnahen Roman, in der ein Verkäufer die Hauptrolle spielt. Metaprogramme, Spiegeln / Pacing, Augenbewegungsmuster, Rapport und eine

Reihe weiterer NLP Konzepte, die für den Vertrieb relevant sind, sind mit der spannenden und kurzweiligen Story eng verwoben. Ein NLP Buch, das unterhält und mit dem selbst Profis auf einem ganz neuen Niveau verkaufen lernen können.

Mit diesem Buch werden Sie

- ✓ lernen, Ihre Kunden und die Welt mit ganz neuen Augen zu betrachten
- ✓ eine Fülle von Dingen wahrnehmen, die Ihnen bisher vollkommen entgangen waren
- ✓ erfahren, was die wahrhaft entscheidenden Faktoren in Verkauf und Kommunikation sind
- ✓ lernen, Ihren Verkauf in eine ganz neue Dimension zu entwickeln
- ✓ Ihr Business massiv voranbringen und möglicherweise auch Ihr Leben verändern.

Seien Sie gespannt und lassen Sie sich überraschen.